Manfred Stelzig

KEINE ANGST VOR DEM GLÜCK

Manfred Stelzig

KEINE ANGST VOR DEM GLÜCK

ecowin

SALZBURG – MÜNCHEN

FSC
www.fsc.org
MIX
Papier aus verantwortungsvollen Quellen
FSC® C020353

6. Auflage 2017

Gesetzt aus der Sabon

Medieninhaber, Verleger und Herausgeber:
Red Bull Media House GmbH
Oberst-Lepperdinger-Straße 11–15
5071 Wals bei Salzburg, Österreich

Lektorat: Arnold Klaffenböck
Satz: Druckerei Theiss GmbH, Austria
Umschlaggestaltung: b3K design, Andrea Schneider, diceindustries
Printed in Slovakia
ISBN 978-3-7110-0145-0

Für Oliver und Jeremias

Inhaltsverzeichnis

Vorwort 11

Einleitung 13

Das Phänomen „Angst vor dem Glück“ 17
1. Aberglaube 17
2. Gesetz der Entropie 19
3. Bad news are good news 20
4. Wer hoch steigt, fällt tief 23
5. Die Angst vor dem Neid anderer 24
6. Die Erbsünde 25
7. Das Peter-Prinzip 26
8. Die Schwarze Pädagogik 28
9. Die Abhängigkeit 30
10. Die Gegenabhängigkeit 34
11. Die verschränkte Verantwortung 36
12. Identifikation mit dem Aggressor 38
13. Das Stockholm-Syndrom 40
14. Die Opferrolle 42
15. Die Angst vor der Selbstbefriedigung 44
16. Problemeskalation 47
17. Die Idealisierung und Dämonisierung 50
18. Die Kommunikation hinter dem Rücken 54
19. Fürchtet euch nicht 57
20. Die Angst vor dem Tod 58

Die Not mit der Psyche 63

Die Ureichung des Menschen 71

Was mache ich, wenn ich das Glücklichsein verlernt habe? 77

Der Seelengarten 79

Das Seelenhaus 85

Übungen zum Aufbau des Seelenhauses 93
Das Fundament, der Keller, die Basis 96
Die Kuschelübung 96
Die Begegnung mit sich selbst 101
Die Übung mit dem Spiegel 102
Die Schoßplatzübung 109
Aktives Verwöhnen 112
Die Selbstbeelterung oder Neubeelterung 113
Die Urelternübung 114
Die Erotik 116
Die Übung mit dem inneren Liebhaber 117
Die Übung mit den Urbildern aus Zeitschriften 119
Die Lebendigkeit (Der Lustfaktor!) 121
Bewegung 122
Die Stresswaage 122
Die Leistungsetage 124
Beziehungs- und Liebesfähigkeit 126
Erkenntnis und Wissen 129
Die Übung mit der göttlichen Instanz 130

Das Bauchhirn 133

Das vegetative Nervensystem 135
Der Sympathikus 135
Der Parasympathikus 136

Die Chemie des Gehirns 137
Serotonin 137
Noradrenalin 140
Adrenalin 141
Cortisol 141
Glutamat 141
Gammaaminobuttersäure 142
Acetylcholin 142
Dopamin 142
Endorphine 143
Oxytocin 143

Das Phänomen Stress 145

Ein Loblied auf die Medikamente 149

Die am häufigsten verwendeten Substanzen 153
Benzodiazepine 155
Die Depression 155
Die Negativspirale 162
Die Positivspirale 164
Schlafstörungen 165

88 Tipps für die seelische Gesundheit 171

Hinweise auf Literatur und Links 187

Der Autor 191

Vorwort

Als mich der Verleger Hannes Steiner anrief und mich einlud, ein Buch mit dem Titel „Keine Angst vor dem Glück" zu schreiben, willigte ich sofort begeistert ein. Es ist mir ein Anliegen, das mir schon länger auf dem Herzen liegt, schließlich ist die Angst vor dem Glück ein weit verbreitetes Thema, das viele Menschen bewusst und unbewusst beschäftigt. Es drängt sich in meiner täglichen Arbeit als Psychiater und Psychotherapeut immer wieder in den Vordergrund oder erschwert aus dem Hinterhalt die konstruktive Arbeit. Außerdem gibt es mir die Möglichkeit, über die psychische Gesundheit zu schreiben, einen zentralen Aspekt in unserer Gesellschaft, der bislang zu wenig Beachtung findet.

In vielen psychotherapeutischen Gesprächen werden von den Menschen, die zu mir kommen, immer wieder ähnliche Themen angeschnitten. Offensichtlich besteht hier großes Informationsbedürfnis und Aufklärungsbedarf. Das Wissen über psychische Gesundheit sollte zur Basisinformation jedes Menschen gehören, damit er positiv und aktiv damit umgehen kann, um Glück und psychische Gesundheit gestalten zu können.

Meinem Sohn Oliver und seinem Freund Jeremias habe ich dieses Buch gewidmet, weil sie mich im Urlaub beim Schreiben neugierig, interessiert und mit Freude beobachtet haben.

Ich bedanke mich bei meiner Frau Renate, die mit viel Verständnis und Geduld das Werden dieses Buches begleitet hat, und bei meinen Kindern Nikolaus, Isabella, Dominik und Oliver, da sie doch einige Stunden, die eigentlich für sie reserviert waren, der Entstehung dieses Buches abgetreten haben.

Brigitte Gstöttner hat in ihrer fröhlichen Art verlässlich die Schreibarbeiten übernommen und mit ihrem Schwung bei der Verwirklichung dieses Buches geholfen.

Stolz bin ich auf mein Team der Psychosomatik, das mich bei meiner Arbeit tatkräftig unterstützt und für Anregungen sorgt. Dass viele Themen, die in diesem Buch besprochen werden, im tagtäglichen Leben positiv umgesetzt werden können, ist dem Engagement meiner Mitstreiter zu verdanken.

Mein Dank gilt auch Hannes Steiner für seine persönlichen Anregungen und sein engagiertes Begleiten dieses Buches.

Ein großes „Danke" möchte ich nicht zuletzt meinen Patienten aussprechen, die mit ihrer Offenheit und ihrem Vertrauen meine Einsicht in die wiederkehrenden Themen ermöglicht haben. Gleichzeitig darf ich betonen, dass die in diesem Buch enthaltenen Fallbeispiele anonymisiert und so weit verändert sind, dass keiner identifiziert werden kann. Sollten Sie selbst den Eindruck haben, dass Ihre Lebens- und Leidensgeschichte erzählt wird, vergessen Sie bitte nicht, dass es sich um allgemeingültige Fallbeispiele handelt und daher auch viele andere Menschen beschrieben sein können.

Einleitung

Noch nie ist es uns objektiv gesehen so gut gegangen wie heute: steigende Lebenserwartung, hoher Lebensstandard, viel Freizeit und alles, was die Spaßgesellschaft sonst noch an netten Dingen zu bieten hat. Trotzdem ist die subjektive Befindlichkeit der Mehrheit so schlecht wie noch nie – Stress, Angst, Depression, Panikattacken. Wir sind psychisch krank! Wie kann das sein?

Unsere heutige Hochgeschwindigkeitsgesellschaft verlangt von uns Dinge, auf die wir durch die langsame Evolution einfach nicht vorbereitet waren. Um all die Anforderungen, die an uns jeden Tag im Beruf und im Alltag gestellt werden, auch bewältigen zu können, müssen wir nicht nur körperlich, sondern vor allem auch psychisch im Gleichgewicht sein. So, wie der Mensch des 20. Jahrhunderts gelernt hat und lernen musste, dass er nach einem ganzen Tag im Büro regelmäßig für seinen Körper etwas tun muss, so wird der Mensch des 21. Jahrhunderts lernen müssen, dass es ohne Psychohygiene nicht mehr gehen kann: Glück als Unterrichtsfach.

Stress, Überforderung, Reizüberflutung, Ausgebranntsein – Sie haben sich sicher schon selbst die Frage gestellt: „Wie soll das weitergehen?" Sind wir diesen Gefahren hilflos ausgeliefert oder kann es uns gelingen, uns zu schützen oder noch besser: unser Leben aktiv und positiv zu gestalten und Belastungen als Herausforderung und Motivation zu sehen?

Glücklichsein kann man lernen. Dazu ist es notwendig, das Glück in seinen verschiedenen Facetten zu beschreiben, um das Ziel zu definieren, das wir erreichen wollen. Die einfachste Definition lautet: Glücklichsein heißt, sich in seiner eigenen Haut wohl zu fühlen, in zweiter Linie liebesfähig zu sein.

Viele Menschen haben Angst vor dem Glück. Sie fühlen sich sicherer in ihrem „wunschlosen Unglück“, wie Peter Handke geschrieben hat, und haben die Hoffnung und das Verlangen nach Glück aufgegeben. Es gibt viele verschiedene psychische Mechanismen, die bewirken, dass wir an unserem Unglück festhalten. Diese sind am Anfang des Buches beschrieben.

Das Kapitel „Die Not mit der Psyche“ widmet sich allgemeinen Überlegungen zur seelischen Gesundheit. Es ist kein Wunder, dass wir alle nicht daran gewöhnt sind, mit der Psyche, mit der Seele geübt umzugehen. Wir lernen es weder in der Schule noch im Berufsleben. Dabei ist es von größter Wichtigkeit, dass Sie beginnen, sich mit den Phänomenen der Psyche und der Seele auseinanderzusetzen, da ohne ein gewisses Maß an Verständnis der Zugang zur aktiven Gestaltung des seelischen Wohlbefindens versperrt sein wird.

Im Kapitel „Ureichung“ wird Ihnen das genetische Programm, das jeder Mensch in sich trägt und das ihm genau mitteilt, was er braucht, um glücklich zu sein, nähergebracht. Die Begriffe „Seelenhaus“ und „Seelengarten“ sind die plastischen Bilder, mit denen Ihnen die Struktur der menschlichen Seele und Psyche vermittelt werden sollen. Dieses Kapitel zeigt Ihnen, wie das Seelenhaus aufgebaut ist und welche Alternativen Sie haben, wenn Sie unglücklich sind, um wieder befreiter, getrösteter, sicherer oder bei schwierigen Erlebnissen mit diesen besser fertig zu werden. Viele Übungen veranschaulichen Ihnen, wie Sie Ihr Seelenhaus in den verschiedenen Etagen wieder festigen und wie Sie lernen können, sich in Ihrer Haut wieder wohler zu fühlen.

Das Kapitel „Die Chemie des Gehirns“ macht Sie mit den Grundbegriffen des Nervenstoffwechsels vertraut. Alles Denken und Fühlen wird durch Nervenbotenstoffe gesteuert. Hier finden Sie prägnante Erklärungen der biologischen Voraussetzungen und Funktionsweisen. Eng damit verbunden ist der nächste Teil, der sich mit den medikamentösen Möglichkeiten beschäftigt, wie die Stimmung und das Glücksgefühl positiv beeinflusst werden können. Über die großartigen Möglichkeiten der grässlicherweise „Antidepressiva“ genannten Medikamente kann man als Spezialist nicht genug berichten und schwärmen.

Die „88 Wohlfühltipps“ am Ende des Buches sollen Ihnen Anregungen geben, wie Sie Ihren Tag vom Aufstehen bis zum Schlafengehen positiver gestalten können: das tägliche „Seelen-Zähneputzen“ zur Erhaltung Ihrer seelischen Gesundheit.

Insgesamt soll Ihnen dieses Buch helfen, die Angst vor dem eigenen Glück zu überwinden. Es zeigt die Hindernisse auf, die einerseits die Gesellschaft vermittelt, die Sie andererseits selbst aufbauen und beim Gefühl des Glücklichseins im Wege stehen. Es bekämpft Aberglauben, zeigt Wege auf und bietet eine Orientierung, wie es möglich sein kann, glücklich zu werden.

Es tritt auch an, das Gefühl zu bekämpfen, dass das Psychische etwas Nebuloses ist, etwas nicht Benennbares, etwas, in dem man sich nicht auskennen kann. Sie werden Strukturen finden, die Ihnen wohlvertraut sind und bei denen Sie erkennend sagen: „Ja, genau so ist es! Warum ist das nicht schon früher so beschrieben worden?“

Sie sollen ein Buch in Händen halten, das für Sie Lesegenuss bedeutet – so wie der Lustfaktor überhaupt eine große Rolle in diesem Buch spielen soll. Ein Buch, das Sie mit Ihrem Bauch lesen können. Ein Buch, in dem Sie sozusagen vergnügt baden können, ein Buch, mit dem Sie sich wohl fühlen sollen.

So sehr es Ihnen helfen wird, sich besser in Ihrer Seele auszukennen und sich wohler zu fühlen, so wenig möchte es die Medizin, die Psychiatrie oder psychologische sowie psychotherapeutische Behandlungen in Frage stellen geschweige denn mit ihnen konkurrieren. Im Gegenteil: Es will Brücken bauen, soll die Seele besser verständlich machen und den Optimismus fördern, dass man als Betroffener Hilfe auch von Spezialisten in Anspruch nehmen kann und soll. Wer Hilfe annimmt, handelt richtig und verantwortungsbewusst.

Dieses Buch soll auch einen großen Beitrag leisten, das Psychische zu entstigmatisieren, und Vorurteile und Klischees abbauen.

Um einen besseren Lesefluss zu gewährleisten, verwende ich die männliche Form und hoffe, dass meine Leserinnen mir verzeihen.

Das Phänomen „Angst vor dem Glück“

1. Aberglaube

Angst vor dem Glück ist mit dem Aberglauben verknüpft, dass ein Mensch, der glücklich ist, mit etwas Negativem rechnen muss – quasi mit einer Bestrafung für das Glück. Das kann ein Schicksalsschlag oder eine Krankheit sein, etwas, das unausweichlich Menschen, die gerade noch glücklich waren, im nächsten Moment auf eine harte Probe stellt. Jener Aberglaube betrifft viele Menschen und es gibt verschiedene Möglichkeiten, diesem zu begegnen.

Die häufigste ist die, dass man sich bemüht, nicht glücklich zu sein oder zumindest nicht allzu glücklich. Wenn man selbst immer etwas Negatives in sein Leben hineinmischt – Streit, Konflikte, Konkurrenz, Zorn –, so kann man die Götter besänftigen und muss sich nicht so sehr davor fürchten, dass sie Unheil schicken.

Wenn ich sage „die Götter“, dann deute ich schon an, wie alt dieser Aberglaube ist, wo er eine seiner Wurzeln hat. In der griechischen Mythologie ist die Strafe, die die Götter den Menschen auferlegen, etwas Selbstverständliches, Vertrautes und Gewohntes. Die Nymphe Hybris als Symbol für (menschliche) Selbstüberschätzung, Vermessenheit und Selbstüberhebung ruft die Göttin Nemesis auf den Plan, die im Sinne des gerechten göttlichen Zorns dieses frevelhafte Verhalten bestrafen muss. Auch Friedrich Torberg lässt Tante Jolesch sagen: „Gott soll einen hüten vor allem, was noch ein Glück ist“.

Umgekehrt versuchen viele Menschen, das Glück positiv zu beeinflussen. Sie tragen Amulette, Glücksbringer oder Rosenkränze, hängen sich die Schuhe ihrer Erstgeborenen auf den Rückspiegel des Autos oder Hufeisen über das Eingangstor, tragen Talismane oder befolgen bestimmte Rituale, um den Einfluss der bösen Geister abzuhalten.

Beispiel:
Angelika S. ist glücklich verheiratet, hat zwei Kinder und einen erfolgreichen Mann. Sie selbst arbeitet in einer Bank. Sie lebt in der ständigen Angst, dass ihr Glück vergänglich sein könnte. Wenn sie etwas Positives sagt, muss sie drei Mal auf Holz klopfen, um den Neid der Götter zu beschwichtigen. Bei jeder positiven Erfahrung in ihrem Leben wartet sie ängstlich auf das ausgleichende Negativereignis. Sie ist durch ihre Ängste deutlich in ihrer Lebensfreude eingeschränkt, da diese den Alltag überschatten.
Ihr Gatte ist wesentlich fröhlicher und leichtlebiger. Er versteht die Ängste seiner Frau nicht, kann sie auch nicht teilen und versucht, sie wiederholt aus diesen Ängsten herauszuholen und mit ihr etwas Schönes zu unternehmen. Es gelingt ihm auch immer wieder. Als jedoch kurz nach der Geburt ihres Sohnes der Vater stirbt, fühlt sich Angelika in allen ihren Ängsten bestätigt. Sie ist verunsichert und irritiert, klagt über Schlafstörungen und negatives Grübeln, sodass sie zu mir in Behandlung kommt. Sie kann von mir die Ansicht annehmen, dass man so einen Zustand auf drei Ebenen sehen muss: auf der biologischen, psychischen und sozialen.
Auf der biologischen Ebene war sie bereit, beruhigende Antidepressiva am Abend zu nehmen, wodurch sich die Schlafstörungen rasch besserten, und ein angstlösendes und stimmungsaufhellendes Antidepressivum (siehe Serotonin-Wiederaufnahmehemmer) am Morgen. Auf der psychotherapeutischen Ebene erarbeiteten wir, in welcher Weise sie selbst ihr Leben positiv strukturieren kann und wo ihr Grenzen gesetzt sind. Mit der Zeit erkannte sie, dass sie sich bei Weitem nicht

so ausgeliefert fühlen muss, wie sie das jahrelang getan hatte. Durch Einsicht und konsequentes Üben von Trainingseinheiten, die in diesem Buch beschrieben werden, gelang es Angelika S., ihr Leben wesentlich positiver, konstruktiver und optimistischer zu gestalten und auch in ihren sozialen Beziehungen viel mehr Gemeinsamkeit und Glück zu finden.

Lösungsvorschlag:
Werden Sie sich des Phänomens „Angst vor dem Glück" bewusst und überlegen Sie, wie weit Sie selbst davon betroffen sind. Ein Aberglaube dient meist dazu, eine Unsicherheit zu füllen, eine Wissenslücke notdürftig zu schließen. Daher hoffe ich, dass Sie nach der Lektüre dieses Buches mit den gesammelten Erfahrungen und dem neu erworbenen Wissen eine andere Grundeinstellung zu diesem Aberglauben haben werden als zuvor.

2. Gesetz der Entropie

Die zweite Form, der Angst vor dem Glück Rechnung zu tragen, ist die, dass man gar nicht versucht, glücklich zu sein oder jemanden glücklich zu machen. Wer nicht an das Glück glaubt, braucht auch keine Angst zu haben, es zu verlieren. Im Unglück zu verharren, gibt in gewisser Weise ein Gefühl von Sicherheit. Man ist an diesen Zustand gewöhnt. Es ist auch wesentlich einfacher, destruktiv als konstruktiv zu sein, und viel leichter, zu zerstören als aufzubauen. Das hat schon im Gesetz der Entropie seine Wurzel. Mit sich allein gelassen, strebt ein System dem Chaos zu, dem Zerfall.

Beispiel:
Christian B. ist Patient in der Jugendpsychiatriestation. Seinen Vater hat er nie kennengelernt, seine Mutter muss Geld verdienen, um sich und Christian durchs Leben zu bringen.

Deshalb ist sie aber oft nicht zu Hause und Christian auf sich allein gestellt. In der Schule verhält er sich aggressiv und ist ständig in Raufhändel verwickelt. Als er schließlich einen Mitschüler so sehr in den Schwitzkasten nimmt, dass der Betroffene ins Spital eingeliefert werden muss (erfreulicherweise ist nichts Ernsthaftes passiert), wird er in die Jugendpsychiatrie eingeliefert. Dort lebt er weiter sein destruktives Verhalten. Er ist unkooperativ, rebellisch, aggressiv.
Erst die behandelnde Ärztin bringt ihn auf seine Sehnsüchte: auf eine Wunschmutter, die Zeit für ihn hat, die ihn schätzt, die ihn liebt; auf einen Wunschvater, der stolz auf ihn ist; und auf seine Trauer, dass diese Sehnsüchte zwar existieren, aber in der Realität bisher nicht erfüllt wurden. Aus dieser Einsicht kann Christian von den Übungen der Neubeelterung und der Schoßplatzübung (siehe S. 109 ff.) stark profitieren.

Lösungsvorschlag:
Das Urmenschliche ist nicht die Zerstörung, sondern der Aufbau, die Kreativität, die Weitsicht, die Planung der Zukunft, das Fürsorgliche und Verantwortungsbewusste, die Begegnung und die Liebe. Besinnen Sie sich auf das Urmenschliche.

3. Bad news are good news

Es ist auch erforderlich, dass Sie sich auf die positiven Seiten des Lebens einlassen wollen. Das ist nicht so selbstverständlich. Das Positive wird oft abgewertet und abgelehnt. Im Journalistendeutsch heißt es: „Bad news are good news." Nur die schlechten Nachrichten verkaufen sich gut und steigern die Umsatzzahlen. Positive Meldungen werden als rosarote Brille, als selbstverständlich oder als kindlicher Umgang mit der Realität eingestuft. Darum müssen Sie selbst in sich hineinhorchen und darauf achten, ob Sie sich auf das Positive einlassen wollen oder nicht.

Es gibt Menschen – und ich gehöre zum Teil auch dazu –, die die Tragödie der Komödie vorziehen. Beides ist jedoch notwendig. Moreno, der Begründer des Psychodramas, betonte, dass derjenige der Gesündeste sei, der die meisten Rollen in sich vereinen und diese auch auf der Lebensbühne spielen könne. Es ist also erforderlich, dass wir Leidende, aber auch Fröhliche, Traurige und Heitere, Tröster und Verzweifelte, Beschützer und Schutzbedürftige, Ängstliche und Mutige, Gute und Böse, Wütende und Versöhnliche sein können. Nur dadurch wird das Leben bunt und lebendig, kreativ und abwechslungsreich.

Beispiel:
Alfons G. besitzt ein großes Industrieunternehmen. Er ist Multimillionär, wohnt in einer wunderschönen Villa, ist verheiratet und hat zwei Kinder. Er lebt in der ständigen Angst, dass Einbrecher in sein Haus eindringen könnten. Aus diesem Grund hat er seine Villa zur Festung umgebaut. Dies beruhigt aber seine Angst nur wenig. Gleichzeitig befürchtet er, dass seine Kinder entführt werden könnten, und lebt in ständiger Sorge und Bekümmertheit. Obwohl er besonders erfolgreich ist, Zugang zu den höchsten Kreisen der Gesellschaft hat, glücklich verheiratet und auch mit seinen Kindern sehr zufrieden ist, kann er sich seines Lebens nicht erfreuen.
Durch die Psychotherapie gelingt es ihm, sich seiner eigenen persönlichen Wertigkeit bewusst zu werden und sich nicht über seinen Reichtum oder Erfolg zu definieren. Er erkennt, dass er in sich Rollen entwickeln muss, mit denen er seine Ängste bekämpfen und dass er diesen Schutz nicht an Alarmanlagen delegieren kann. Es sind Rollen der Wertschätzung, des Schutzes, der Geborgenheit, der Lebensfreude und des Glücks. Auf diesem Weg entwickelt er eine erfülltere Beziehung zu seiner Frau und seinen Kindern, kann die Möglichkeit eines Einbruchs als realistisch akzeptieren und die Gefahr einer Kindesentführung als in unserem Land eher sehr un-

wahrscheinlich einschätzen. Dies gelingt allerdings nur, indem er sowohl seine Frau als auch seine Kinder als eigenständige Menschen anerkennt und ihnen die Freiheit zur eigenen Lebensgestaltung lässt.

Lösungsvorschlag:
Wenn ein Kind traurig ist, dann sucht es Trost bei den Eltern. Die komplementäre Rolle des Trösters oder der Trösterin wird also von der Mutter oder dem Vater angeboten. Diese Rolle des/der Tröstenden soll gelernt und im inneren Dialog angewendet werden. So sollte jeder nach einer gewissen Zeit in der Lage sein, sich selbst zu trösten, wenn man traurig ist, sich selbst zu beruhigen, wenn man aufgeregt ist, sich selbst Mut zu machen, wenn man Versagensgefühle verspürt. Jeder Mensch hat Teile in sich, die Angst fühlen. Hier ist es notwendig, jene Rollen zu lernen, die Schutz und Geborgenheit vermitteln. Lustigsein ist nur interessant, wenn man auch ernste Rollen kennengelernt hat, und so verhält es sich mit vielen komplementären Rollenpaaren. Derjenige ist also der Gesündeste, der die meisten Rollen erlernt hat.

Suchen Sie selbst in sich Ihren inneren Berater und Heiler, Ihren inneren Beschützer und Versorger, Ihren inneren Liebhaber, Arzt und Psychotherapeuten, aber auch Ihre göttliche Instanz. Versuchen Sie mit diesen Anteilen in ein beruhigendes und aufbauendes Gespräch zu kommen. Denn nur aus Ihrem Inneren kann in Wirklichkeit eine positive Veränderung stattfinden. Von außen können nur die Anregungen dafür kommen. Das Buch soll Sie ermutigen und anleiten, diese innere Instanz zum Schwingen zu bringen, um zu erkennen, wie viel wir selbst für uns und in uns bewirken können.

4. Wer hoch steigt, fällt tief

Der Volksmund kennt Sprüche wie: „Wer hoch steigt, fällt tief" oder: „Wenn es dem Esel zu gut geht, geht er aufs Eis tanzen." Denken wir nur an Daedalus und Ikarus, die mithilfe ihrer Flügel aus Federn und Harz fliegen konnten, sich aber zu nah an die Sonne wagten, wobei das Wachs ihrer Flügel schmolz und sie abstürzten. Immer wieder hören wir die Warnung: Sei nicht überheblich, kenne deine Grenzen, sei nicht hoffärtig! Ein Gutteil dieser Warnungen ist gerechtfertigt. Wir sind Menschen und haben unsere Grenzen. Wir sind in einem erheblichen Ausmaß dem Schicksal ausgeliefert. Wir müssen akzeptieren, dass wir sehr vieles nicht selbst in der Hand haben und deswegen nicht verändern können. Dies bedeutet aber nicht, dass wir nichts zu unserem Glück tun können oder tun sollen. Glück ist machbar, und in welcher Weise wir Glück entstehen lassen können (und wo unsere Grenzen gesetzt sind), stelle ich in diesem Buch noch genauer dar.

Beispiel:
Ein Kind spielt glücklich auf den Knien seines Vaters. Diese sind plötzlich ein Kamel, das durch die Wüste schaukelt, anstrengende Dünen sind zu erklimmen und auf der anderen Seite geht es plötzlich rasch bergab. Es wird zum übermütigen Ritt durch die Wüste. Da betritt die Mutter das Zimmer und kommentiert: „Übermut kommt vor dem Fall!" Die Faszination der Szene ist sofort zerstört, es bleibt ein realistisches Reiten auf den Knien.

Lösungsvorschlag:
Werden Sie sich Ihrer Grenzen bewusst, erkennen Sie jedoch auch die Gestaltungsmöglichkeit, die jeder Augenblick des Lebens Ihnen bietet. Niemand ist seinem Schicksal hilflos ausgeliefert, man muss die Kreativität und Spontaneität, die in jedem von uns steckt, nur zulassen, erleben und umsetzen.

5. Die Angst vor dem Neid anderer

Angst vor dem Glück ist auch eng verknüpft mit der Angst vor dem Neid der anderen. Die innere Botschaft lautet: Es darf dir nicht zu gut gehen, damit die anderen Menschen nicht neidig auf dich werden und nicht beginnen, dir dein Glück zu missgönnen. Hier schwingt nicht die Hoffnung mit, dass es dem anderen auch besser geht, wenn man selbst glücklich ist, sondern die Befürchtung, dass der andere Gegenmaßnahmen ergreifen wird mit dem Ziel, dass es einem wieder weniger gut geht. Die Konsequenz daraus ist, dass man es sich möglichst nicht anmerken lassen soll, wenn es einem gut geht. Das eigene Wohlbefinden ist möglichst zu verstecken. Es gilt Ernsthaftigkeit, eine sorgenvolle Miene und in gewissem Maße einen Lebensfrust zur Schau zu tragen, um den Neid der anderen zu beschwichtigen.

Beispiel:
Herrn Martin F. ist eine große Erbschaft zugefallen. Seine Eltern haben eine große Firma aufgebaut und diese mit Gewinn verkauft, als klar wurde, dass er selbst nicht in die Fußstapfen seines Vaters treten wollte, sondern eine Buchhandelslehre begann. Als Buchhändler hat er viel Spezialwissen gesammelt und ist mit seinem Beruf zufrieden. Er lebt aber in der ständigen Angst vor dem Neid der anderen. So zieht er immer abgetragene Kleidung an, fährt ein Auto, das eigentlich nur mehr Schrottwert besitzt, und richtet sich seine Mietwohnung spartanisch ein, obwohl er genug Geld hätte, sich eine große Eigentumswohnung in bester Lage zu kaufen. Er scheut sich, gelöst und positiv zu wirken, weil er fürchtet, dass ihm die anderen seine Unbeschwertheit übel nehmen könnten.

Lösungsvorschlag:
Überlegen Sie sich auch die positiven Seiten des Fröhlich- und Glücklichseins. Natürlich weckt es Neid, aber fröhliche, freund-

liche und glückliche Menschen bewirken im Gegenüber eher positive als negative Gefühle. Seien Sie mutig und lächeln Sie andere an, treten Sie mit ihnen in Kontakt, Sie werden sehen, wie viele Menschen zurücklächeln und Ihre Kontaktaufnahme dankbar beantworten.

6. Die Erbsünde

Angst vor dem Glück hängt auch mit der Erbsünde zusammen. Im Buch Moses steht geschrieben, dass Adam und Eva vom Baum der Erkenntnis gegessen haben. Sie haben damit das strikte Verbot Gottes missachtet und sind deshalb aus dem Paradies vertrieben worden. Die Strafe ist die Erbsünde mit der Botschaft: „Im Schweiße deines Angesichts sollst du dein Brot essen und (im erweiterten Sinn) verdienen." Es stellt sich die Frage, ob diese Strafe überwindbar ist. Der Auftrag würde dann lauten: „Versuche mit Freude zu arbeiten und versuche deine Arbeit positiv zu gestalten, damit du mit Schwung, Kraft und Elan am Werk sein kannst."

Leider hat man als Analytiker den Eindruck, dass die Menschen die überlieferte Erbsünde wie einen Auftrag befolgen. Sie stöhnen und ächzen unter der Arbeit. Arbeitgeber und Arbeitnehmer versuchen in gleicher Weise, diesen Auftrag umzusetzen. Der Auftraggeber setzt alles daran, sich mit beiden Händen mit Aufgaben zuzuschaufeln, um möglichst wenig Genuss an seiner Arbeit zu finden, und trachtet danach, ein ziemlich hohes Maß an Arbeitsleistung aus dem Arbeitnehmer herauszupressen. Im Vordergrund steht nicht die gemeinsame freudvolle Bewältigung der Arbeit und der Aufträge, sondern ein gemeinsames Quälen: Macht mir die Arbeit Spaß, ist es höchste Zeit, ein schlechtes Gewissen zu entwickeln.

Beispiel:
Frau P. arbeitet als Angestellte in einer Versicherung. Sie hat Großkunden zu betreuen. Sie ist attraktiv, gewandt, überzeugend. Sie ist eine der erfolgreichsten Mitarbeiterinnen des Unternehmens. Obwohl sie regelmäßig belobigt wird und für sie Prämien ausgeschüttet werden, ist sie nicht zufrieden. Sie arbeitet immer intensiver, vergibt immer mehr Termine, die eigentlich in ihre Freizeit fallen, begründet das damit, dass sie sich sagt, dass so ein Einsatz von den Vorgesetzten gewünscht wird, hat immer weniger Freude an ihrem Erfolg und kommt schließlich mit einem schweren Erschöpfungszustand zu mir zur Behandlung.

7. Das Peter-Prinzip

Das Peter-Prinzip beschreibt dieses Phänomen noch von einer anderen Seite. Der Mensch neigt dazu, sich so viel aufzuladen, bis er die erforderliche Bewältigung nicht mehr leisten kann. In Bezug auf die Karriere bedeutet das, dass der Mensch so weit die Karriereleiter hinaufsteigt, bis er nicht mehr suffizient seine Aufgaben erfüllen kann. Diesem Phänomen, gepaart mit der traurigen Erkenntnis, dass man als hochtalentierter und befähigter Mensch seine positive gestalterische Wirkkraft verliert, muss man entgegensteuern. Die verschiedenen Aufgabenfelder sind zu analysieren und die Überlegung ist anzuschließen, welche davon abgegeben oder delegiert werden können, um sich zu entlasten und wieder effizient die Kernaufgaben zu bewältigen.

Beispiel:
Markus L. hat sich als erfolgreicher Anwalt etabliert. Er ist beliebt, umsichtig, ausgleichend, zielorientiert und effizient in seiner Arbeit. Als Familienvater kümmert er sich liebevoll um

seine Kinder und erweist sich seiner Frau gegenüber als aufmerksamer Ehemann. Aufgrund seiner Beliebtheit und Tüchtigkeit wird er gebeten, in der Anwaltskammer mitzuarbeiten, was er gerne annimmt. Aber auch die Flüchtlingshilfe hat große Wünsche an ihn, da bekannt ist, dass er sich selbstlos für die Schwachen der Gesellschaft einsetzt. In dieser Überlastung findet er zunehmend weniger Zeit für seine Familie. Häusliche Konflikte sind unvermeidlich. Er entzieht sich damit selbst seine emotionale Basis, wird ungeduldig und gereizt. Er erkennt, dass ihm laufend mehr Fehler unterlaufen. Schließlich entschließt er sich zu einer Therapie, um wieder Ordnung in sein Leben zu bringen.

Lösungsvorschlag:
Nehmen Sie die Erbsünde als Herausforderung. Die Erbsünde ist kein Fluch, sondern eine Bürde, die es zu überwinden gilt.

Versuchen Sie das Schöne an der Arbeit zu sehen und wenn Sie sofort mit der Antwort reagieren: „Da gibt es nichts Schönes", halten Sie inne und überlegen, was für Sie daran am ehesten angenehm ist. Vergessen Sie nie, dass Sie auch Gestaltungsmöglichkeiten haben. Es ist Ihre Aufgabe, sich das Leben und die Arbeit schön zu machen. Normalerweise kümmert sich niemand anderer darum. Spätestens im Inneren Ihres Kopfes können Sie die Dinge so gestalten, wie Sie es wollen. „Gedanken sind frei" oder wie André Heller singt: „Die wahren Abenteuer sind im Kopf und sind sie nicht im Kopf, dann sind sie nirgendwo." Sie können bei der Arbeit (innerlich) Musik hören, tanzen oder auf dem Sandstrand laufen.

Suchen Sie sich selbst Ihre Gestaltungsmöglichkeiten, wenn Ihnen die vorgeschlagenen zu „verrückt" und unrealistisch vorkommen. Natürlich müssen Sie parallel immer mit der Umwelt am Arbeitsplatz kommunizieren, aber das innere Programm kann wie auf einer zweiten Spur ablaufen und Ihnen Leichtigkeit vermitteln.

8. Die Schwarze Pädagogik

Einen wesentlichen Beitrag zur Angst vor dem Glück leisten die letzten Ausläufer der Schwarzen Pädagogik. Alice Miller hat sich in ihrem Buch „Am Anfang war Erziehung" ausführlich damit beschäftigt. In der heutigen Zeit ist es klar, dass wir die grundsätzlichen Botschaften der Schwarzen Pädagogik überwunden haben, nämlich, dass man als Eltern oder Erziehungsberechtigter den Kindern schon möglichst früh den Willen brechen muss. Am besten sollte man das schon in den ersten Jahren ihrer Existenz tun, damit sie sich dann nicht mehr daran erinnern können und den Eltern beziehungsweise der Gesellschaft treue und ergebene Diener sein werden. Die Mittel, die angewendet werden, sind verborgene, aber auch offene Machtausübung, Manipulation und Erpressung, Ängstigung und Liebesentzug, Demütigung, Verachtung und Spott. Kindern wird so von den ersten Lebensmonaten an Unterwerfung, übermäßige Achtung und Bewunderung der Eltern und Bezugspersonen, Glaube an die Botschaften dieser Personen (auch gegen die eigene innere Überzeugung) und Aggressionsverbot vermittelt, sodass diese Botschaften als Weltbild internalisiert werden. Wenn man vielleicht später zu der Erkenntnis kommt, dass es falsch ist, lässt sich eine Korrektur trotzdem nur äußerst schwer vornehmen, da die Botschaften in einem unbewussten, internalisierten Verhalten verankert sind.

Zu den Fehlbotschaften, die nach wie vor wirksam sind, gehört der Glaube, dass Gehorsam stark macht, dass ein hohes Selbstwertgefühl schädlich ist, dass dagegen eine niedrige Selbsteinschätzung menschenfreundlich macht, dass Zärtlichkeiten verweichlichen und schädlich sind, dass es richtig ist, auf kindliche Bedürfnisse nicht einzugehen, dass Härte und emotionale Kälte ausgezeichnet aufs Leben vorbereiten, dass Eltern und Autoritätspersonen immer recht haben.

Das bedeutet: Nicht Glücklichmachen ist das Ziel, sondern Abhärtung in unterschiedlichem Ausmaß. Auch darin steckt natürlich ein Körnchen Wahrheit. Kinder sollten lernen, mit Grenzen, mit Versagen umzugehen. Sie sollten lernen, Frustrationen auszuhalten, aber sie dürfen auch immer wieder – glücklich sein. Die Gefahr, dass sie das Glücklichsein verlernen – und dadurch lebensuntüchtig werden –, ist größer als die Gefahr, durch das Glücklichsein lebensuntüchtig zu werden. Dies stellt eine Erfahrung dar, die ich seit Jahrzehnten in meiner täglichen Praxis als Psychiater und Psychotherapeut machen durfte.

René Spitz, der berühmte Säuglingsforscher und Psychoanalytiker, fordert, dass es für Eltern und andere Erzieher eine Pflicht sei, zuerst die Bedürfnisse des Kindes zu berücksichtigen, und nicht eine Anpassung des Kindes an die Forderung der Eltern und der Gesellschaft zu erreichen.

Ich überlasse es Ihrer eigenen Einschätzung, wie weit Sie die Auffassung teilen, dass Ausläufer dieser Schwarzen Pädagogik noch immer unser tägliches Fühlen und Handeln prägen.

Beispiel:
Roland K. ist Lehrer. Eines Tages sucht er mich auf, um Hilfe und eine Behandlung wegen seiner Potenzprobleme zu bekommen. Roland K. ist Einzelkind. Seine Eltern wollten einen rechtschaffenen Jungen aus ihm machen. Sein Vater war Antiquitätentischler, ein gesuchter Spezialist. Keiner kannte sich so gut aus wie er, keiner arbeitete so exakt, keiner fand so wie er die richtigen alten Hölzer, um die Antiquitäten stilecht auszubessern. In der Kindererziehung waren sich Vater und Mutter einig. Roland war sehr behütet und wurde streng erzogen. Das bedeutete für ihn, dass alle seine Handlungen von den Eltern korrigiert wurden. Roland K. war ein braver Schüler, jedoch immer unsicher und unbeholfen.
Die ersten Probleme traten für ihn in der Tanzschule auf, da er in Bezug auf Mädchen sehr aufgeregt war und schon aus diesem Grund mit der Schrittfolge beim Tanzen ständig in ein Durcheinander kam. Er genierte sich fürchterlich und die

Tanzschule war ein einziges Martyrium. So erging es ihm auch in seinem Freundeskreis. Er getraute sich keine Meinung zu äußern, fühlte sich unattraktiv und war froh, geduldet zu sein und nicht ausgeschlossen zu werden. Durch großen Fleiß konnte er die Prüfungen schaffen und so Volksschullehrer werden. Eine Frau in diesem Freundeskreis fand Gefallen an ihm und wollte ihm helfen. Beide sind relativ verzweifelt, da auch die Zuwendung und die Liebe der Freundin keine Verbesserung im Selbstwertgefühl von Roland K. bewirken konnten. So kam er zur Psychotherapie.

Lösungsvorschlag:
Machen Sie sich von Ihren leiblichen Eltern unabhängig. Das ist ein Prozess, der für jeden Menschen wichtig ist, also nicht nur für diejenigen, die leider nicht die gewünschten Eltern vom Schicksal bekommen haben, sondern auch für jene Glücklichen, die liebevolle leibliche Eltern haben. Es ist unerlässlich, dass sich alle Menschen auf die positiven archaischen Ureltern beziehen, auf die Wunscheltern, die wir alle als Programm in uns gespeichert haben und uns eine positive Orientierung sowie eine positive Selbstversorgung ermöglichen. Nur dadurch entstehen Unabhängigkeit und psychische Autonomie (siehe Kapitel „Selbstbeelterung").

9. Die Abhängigkeit

Wenn wir von Abhängigkeit sprechen, dann müssen wir an drei große Gruppen denken:

I. Die stoffgebundene Abhängigkeit, die mit Alkohol, Nikotin, Drogen oder anderen Sucht erzeugenden Stoffen in Zusammenhang gebracht werden muss. Auch mit Alkohol und anderen Suchtmitteln versucht der Mensch, dem Glück näher zu kommen. Das Problem dabei ist nur, dass es sich um ein

Scheinglück handelt, um eine Euphorie, einen Rausch, der wie eine Seifenblase zerplatzt und meist mit Elend verbunden ist. Alkohol wird oft wie ein Medikament eingesetzt. Schlechte Stimmung, Gereiztheit, Ängste werden damit bekämpft. Vor dem Weggehen am Abend wird schon „vorgeglüht", das heißt, man trinkt bereits zu Hause Alkohol, um in Stimmung zu kommen. In Österreich gibt es rund 300.000 manifest Alkoholkranke und etwa 900.000 Menschen mit bedenklichem Alkoholkonsum. In Deutschland sind es ungefähr 1,4 Millionen schwer Alkoholkranke. Aufgrund des Alkoholkonsums treten bei zirka 2,4 Millionen Deutschen soziale Probleme auf, bei noch mal so vielen ist bedenklicher Alkoholkonsum festzustellen. Dazu gibt es jedoch eine Fülle anderer Literatur.

II. Die nicht stoffgebundenen Abhängigkeiten wie Spielsucht, Esssucht, Internetsucht, Sexsucht, aber auch Arbeiten, Kaufen, Vergnügen und Sport können zu einem suchthaften Verhalten führen (siehe Reinhard Haller, „(Un)Glück der Sucht").

III. An diesem Punkt möchte ich mich jedoch weniger den stoff- und nicht stoffgebundenen Abhängigkeiten widmen, sondern der dritten Gruppe: der Abhängigkeit auf einer psychologischen und Beziehungsebene. In Schlagertexten wird die Abhängigkeit von einem anderen Menschen als Romantik und höchstes Gut gepriesen. Texte wie: „... ohne dich kann ich nicht sein ..." oder: „ich liebe dich mehr als mein Leben" preisen die absolute Abhängigkeit von einem anderen Menschen als höchstes Glück. Verliebtsein ist ein Ausnahmezustand, von dem wir uns alle wünschen, dass er möglichst lange anhalten soll. Abhängig machen ist jedoch gefährlich, weil eines Tages einer der Partner bemerkt, dass er diesen Zustand der Abhängigkeit unerträglich findet und dann die Katastrophe vorprogrammiert ist. Liebe sollte ein dynamischer Vorgang sein, eine Begeisterung für den anderen, die sich immer wieder erneuert, weil sich der andere auch weiterentwickelt, weil man gemeinsam das Leben aktiv und kreativ gestaltet, auf diese Weise so bunt und lebendig bleibt.

Es ist von enormer Wichtigkeit, zu erkennen, dass Sie einen großen Schritt in Richtung Unabhängigkeit machen können. Abhängigkeit bedeutet, dass man seine eigene Meinung, seinen eigenen Geschmack, seine eigenen Ideen, seine eigenen Wertvorstellungen den Ideen, Geschmäckern und Wertvorstellungen anderer unterordnet, sich von den Diktaten der Mode und Kosmetikindustrie, von Sportartikeln und Schmuck, Markenware und vom Druck der Gruppe abhängig macht. Abhängigkeit resultiert aus einem Mangel an Selbstachtung und Selbstliebe und in der Folge aus einer schlechten Selbstbeurteilung und Konfliktfähigkeit, aus der Schwierigkeit, seinen eigenen Standpunkt erklären und bei sich bleiben zu können. Dazu gehört auch, sich selbst abgrenzen zu können, ohne den anderen zu verletzen. Diese Grundprinzipien hat Rainer Sachse in seinem Buch „Selbstregulationskonzept" mustergültig zusammengefasst.

Beispiel:
Gabriele M. ist Mittelschulprofessorin und 45 Jahre alt. Sie ist frisch geschieden, ihr Mann, ein leitender Bankangestellter, hat sich in eine andere Frau verliebt. Die neue Frau ihres Mannes sei ebenfalls geschieden, habe zwei Töchter mit 15 und 12 Jahren und ihr Mann genieße das neue Familienleben. Sie selbst habe nie Kinder bekommen können, was ihr immer sehr leidgetan habe. Sie könne sich überhaupt nicht von ihm lösen. Sie hänge nach wie vor sehr an ihm, fahre abends oft zu seinem neuen Haus und beobachte das neue Familienglück, weil man im Wintergarten sehr gut sehen könne, wie die Familie beisammensitzt. Sie müsse ständig an ihn denken, weil er nach wie vor ihr Traummann sei, sie werde nie wieder so einen tollen Mann finden. Es sei eine Liebesheirat gewesen

und die Trennung habe sie wie ein Blitz aus heiterem Himmel getroffen.
In der intensiven psychotherapeutischen Behandlung gelang es, den Selbstwert von Gabriele M. zu stärken, ihren Blick auf das Leben und die Lebensfreude zu richten, sie zu motivieren, ihrem Tag durch viele kleine Übungen etwas Leichtes und Attraktives zu vermitteln. Schließlich machte sie einen Tanzkurs und buchte einen Italienischkurs. Dort lernte sie tatsächlich einen Mann kennen, der zwar ihrem geschiedenen Gatten nicht das Wasser reichen kann, mit dem sie aber viele Dinge unternimmt und der ihr langsam, aber sicher die schönen Seiten des Lebens wieder näherbringt.

Lösungsvorschlag:
Versuchen Sie sich selbst ein eigenes Bild von jeder Situation zu machen. Das bedeutet noch nicht, dass Sie handeln müssen, das heißt nur, dass Sie selbst die Situation einschätzen lernen und im weitesten Sinn Gut und Böse unterscheiden können. Ein weiser Spruch zu diesem Thema lautet: „Herr, gib mir den Mut, Veränderbares zu verändern. Gib mir die Kraft, Unveränderliches hinzunehmen. Gib mir die Weisheit, eines vom anderen unterscheiden zu können."

Es ist oft nicht möglich, die eigene Meinung durchzusetzen, den eigenen Wunsch zu verwirklichen. Es ist manchmal auch notwendig, die eigene Meinung zu verschweigen, es ist aber immer sinnvoll, eine eigene Meinung zu haben.

Wenn Sie dieses Buch im Hinblick auf die Verbesserung der Selbstachtung und der Selbstliebe lesen und die Übungen, die im Kapitel zum Aufbau des Seelenhauses angeführt sind, regelmäßig trainieren, wird Ihnen die Unverwechselbarkeit Ihrer eigenen Person bewusst werden. Ihre Meinung zählt, weil jede Meinung zählt. Das bedeutet aber nicht, dass Ihre Meinung die richtige sein muss, weil das von vornherein nicht gesichert ist. Notwendig ist nur, dass Sie sich Ihrer Meinung bewusst sind und sich zutrauen, diese Meinung zu äußern. Der Nächste kann eine andere Meinung haben und man wird die Meinungen austauschen, vergleichen und vielleicht zu einer gemeinsamen Lösung, zu einer gemeinsamen Meinung finden können.

Es dürfen jedoch auch unterschiedliche Standpunkte im Leben eingenommen werden, ohne dass der andere oder man sich selbst zum Feind wird. Um das umsetzen zu können, müssen Ihnen vorher die Grundprinzipien des Aufbaus der menschlichen Seele und der Kommunikation vertraut sein. Wenn Ihnen jemand das Gefühl vermittelt, dass Sie blöd sind und sich für Ihre Meinung schämen sollten, bedenken Sie drei Dinge: 1. Jeder darf seine Meinung haben. 2. Nach sorgfältiger Prüfung kann man seine Meinung auch ändern. 3. Wenn jemand Ihnen dieses Gefühl vermittelt, ist eher dieser verdächtig, zu Grenzüberschreitungen zu neigen.

10. Die Gegenabhängigkeit

Ein weiterer Punkt ist die Gegenabhängigkeit. Darunter verstehen wir ein Phänomen, das größtenteils aus dem Unbewussten des Menschen gespeist wird. Die Psyche des Menschen ist so aufgebaut, dass nur ein geringer Teil im Bewusstsein des Menschen verankert und erinnerlich ist. Der größte Teil des Erlebten sinkt unter die Schwelle des Vergessens und lässt sich damit nicht mehr direkt willentlich abrufen. Im analytischen Sinn sprechen wir von Abwehrmechanismen, die die Psyche funktionstüchtig erhalten. Es wäre eine zu große Dauerbelastung, alle Erlebnisse und Eindrücke immer direkt erinnerlich zu haben.

Gegenabhängigkeit bedeutet, dass wir uns gegen Botschaften, die wir gehört haben, innerlich zur Wehr setzen und nicht mehr so reagieren, wie wir aus dem eigenen gesunden Menschenverstand reagieren würden, sondern wir agieren (aber eben unbewusst gesteuert) wie ein trotziges Kind, das das Gegenteil von dem macht, was ihm angeschafft wird. Die Gegenabhängigkeit ist ein wesentlicher Aspekt der Pubertät. Autoritäre Eltern oder Erziehungspersonen, die die persönliche Integrität des Kindes gefährdet haben, oder auch gesellschaftliche Bewegungen, die den Menschen in eine Richtung zwingen, die ihm zutiefst zuwider ist, werden (oft unbewusst) mit einer globalen Ablehnung belegt.

So kommt es, dass die Botschaften dieser Personen im Paket (wiederum unbewusst) abgelehnt werden und somit auch durchaus sinnvolle oder lebensnotwendige Dinge nicht umgesetzt und genützt werden können. Diese Menschen sind oft ihr ganzes Leben damit beschäftigt, gegen diese inneren Botschaften anzukämpfen. Sie können oft durchaus vernünftige Lösungen nicht annehmen, weil diese mit den abgelehnten Menschen oder Bewegungen in Verbindung gebracht werden. Sie befinden sich zeitlebens in Opposition.

Beispiel:

Peter K. ist ein hochbegabter junger Mann. Sein Vater ist Universitätsprofessor und sehr leistungsorientiert. Seine Mutter ist liebevoll zu Hause bei den Kindern. Peter K. hat zwei jüngere Geschwister. Er hat das Gefühl, dass er bei seinem Vater nur etwas zählt, wenn er entsprechende Leistungen in der Schule bringt. Bis zur Pubertät ist er ein ausgezeichneter Schüler, beginnt dann zu rebellieren. Er verweigert den schulischen Erfolg und provoziert den Konflikt mit seinem Vater. Der schulische Misserfolg bewirkt, dass er eine Klasse des Gymnasiums wiederholen muss. Bei den Lehrern gilt er als ein besonders unangenehmer Schüler, da er ständig stört und versucht, den Unterricht zu untergraben. Schlussendlich muss er die Schule verlassen und wechselt in ein anderes Gymnasium. Dort wiederholt sich dieselbe Szenerie.

Peter K. löst sich von seinen Eltern, fühlt sich als schwarzes Schaf der Familie, kann sich mit Hilfsarbeiterjobs über Wasser halten. Mit dem ersparten Geld macht er den Führerschein, auch für die Klasse der Lastkraftfahrzeuge, und wird Fernfahrer. Auf diese Weise kommt er weit in Europa herum, führt ein unstetes Leben. Er ist in keine Beziehungen eingebunden, während die Eltern und die Geschwister zu Hause ein intensives Familienleben pflegen. Herzrasen, verbunden mit Angstzuständen, und wechselnde Schmerzen am ganzen Körper führen ihn in die Psychosomatische Ambulanz. Erst durch intensive Psychotherapie kann seine Gegenabhängigkeit zu seinem Vater aufgelöst werden. Auf diese Weise findet er schließlich zu seinen eigenen Wertvorstellungen im Leben.

Lösungsvorschlag:
Versuchen Sie sich der negativen Einflüsse bewusst zu werden und enttarnen Sie den Mechanismus der Gegenabhängigkeit. Sie können damit verhindern, sich selbst wiederholt ein Bein zu stellen. Besinnen Sie sich auf Ihre Ureichung (siehe S. 71 ff.), auf Ihre Ureltern und formen Sie sich Ihr eigenes Bild von der Welt.

11. Die verschränkte Verantwortung

Die verschränkte Verantwortung läuft nach dem Motto: „Es geschieht meiner Mutter schon recht, wenn ich mir meine Finger abfriere. Warum hat sie mir keine Handschuhe gekauft und angezogen?" Die verschränkte Verantwortung ist ein Mechanismus, den wir in vielen Beziehungen entdecken können. Im Vordergrund steht demnach nicht, die Verantwortung für das eigene Tun zu übernehmen, sondern man überträgt wechselweise die Verantwortung für das eigene Wohlbefinden einem anderen. Diesen Mechanismus würden wir nur als Abhängigkeit oder Dependenz bezeichnen. Wenn diese Abhängigkeit im anderen Menschen jedoch Reaktionen wie Schuldgefühle hervorruft, entsteht eine Gegenabhängigkeit. So ist jeder von den Akteuren für das seelische Wohl des anderen zuständig und verantwortlich. Das sind Mechanismen, die wir in extremer Weise bei Beziehungen sehen können, in denen eine Sucht eine Rolle spielt.

Beispiele:
Das Mädchen macht die Mutter dafür verantwortlich, dass sie übermäßig isst und das Gegessene wieder erbricht – im Sinne einer Essbrechsucht. Sie beschuldigt die Mutter, dass sie die Speisekammer nicht gut abgeschlossen hat. Die Mutter wiederum reagiert mit Schuldgefühlen und seelischem Leid. Sie macht die Tochter dafür verantwortlich, dass es ihr psychisch so schlecht geht.

*

Ein alkoholkranker Mann trinkt auch deshalb, weil seine Frau nicht liebevoll und nett genug zu ihm ist, und schiebt ihr die Verantwortung für seine Trunksucht in die Schuhe. Sie sorgt sich, ärgert sich maßlos über ihn und kann in dieser Verfassung gar nicht nett zu ihm sein. Sie macht ihr Glück jedoch davon abhängig, ob ihr Mann etwas trinkt oder nicht. Er hat damit die Verantwortung für ihr Glück. So entsteht ein Teufelskreis, aus dem es kaum ein Entrinnen gibt.

Lösungsvorschlag:
Übernehmen Sie immer die Verantwortung für Ihr eigenes Tun. Ohne Verantwortungsübernahme ist kein Glück herstellbar. Haben Sie Verständnis für die Fehler der anderen, versuchen Sie diesen auch zu helfen, aber machen Sie Ihr eigenes Glück nicht von den Fehlern anderer abhängig. Fordern Sie die Übernahme der Verantwortung auch von Ihrem Gegenüber ganz klar und sachlich, weil das notwendig ist.

12. Identifikation mit dem Aggressor

Wir sind in unserer Psyche noch mit zwei weiteren Phänomenen konfrontiert, die es uns deutlich erschweren, glücklich zu sein.

Der erste Mechanismus ist von Anna Freud (in ihrem Buch „Das Ich und die Abwehrmechanismen") „Identifikation mit dem Aggressor" genannt worden. Dieses Phänomen beinhaltet, dass der Mensch aus Gründen des Selbstschutzes geneigt ist, sich dem Verhalten von aggressiven Personen anzuschließen, um sich selbst in seiner psychischen und körperlichen Unversehrtheit nicht in Gefahr zu bringen. So entstehen zum einen die „Mitläufer", die sich mit dem Aggressor verbünden und selbst zu anderen aggressiv sind, obwohl sie ursprünglich das Tun des Aggressors als zerstörerisch, schlecht und böse erkannt haben.

Zum anderen beleuchtet es ein Verhalten auf der inneren Bühne, im eigenen Seelengarten (ein Ausdruck, den ich auf Seite 79 ff. näher beschreiben werde), zu sich selbst. Man führt einen Lebenswandel, der wenig Liebevolles und Fürsorgliches in sich trägt, sondern bei dem Härte Trumpf bedeutet. Zähne zusammenbeißen, keinen Schmerz oder am besten überhaupt nichts mehr spüren, keine Gefühle mehr haben, lautet die Maxime. Damit ist es aber auch nicht möglich, glücklich zu sein. Oder man ahnt das Wesen seines unglückseligen Treibens, wertet sich selbst ab, beschimpft sich, hasst sich selbst wegen des Mitläufertums, findet sich hässlich und tendiert dazu, sich selbst zu verletzen.

Beispiel:
Eine junge Frau, Mutter von zwei Kindern, ist jahrelang vom Stiefvater missbraucht worden. Trotz dieser einschneidenden negativen Erlebnisse hat sie den Beruf der Krankenschwester erlernt, ist eine besonders pflichtbewusste und leistungsstarke, sozial umsichtige Frau geworden, die sich auch in der Hospizarbeit sowie bei „Amnesty International" engagiert. Durch mehrere einschneidende Erlebnisse wurde ihr psychi-

sches Leiden so stark, dass sie psychotherapeutische Hilfe in Anspruch nahm. Neben der Bearbeitung ihrer gegenwärtigen schwierigen Situation wurde der Missbrauch durch den Stiefvater (wie so oft in psychotherapeutischen Behandlungen) zum Thema.

Es waren verschiedene Punkte zu klären. Erstens, dass ihr selbst keine Schuld zufällt und dass sie nichts dazu beigetragen hat, was den Missbrauch ausgelöst haben könnte. Zweitens, dass der Stiefvater durchaus ein netter und anerkannter Mensch sein kann und trotzdem der Missbrauch eine zutiefst schlechte und auch kriminelle Tat ist. Täter- und Opferrolle müssen immer strikt getrennt werden. Eine Identifikation mit dem Aggressor, indem sie diesen entschuldigt, Verständnis aufbringt, aber sich selbst Schaden zufügt, schneidet, mit Zigaretten brennt usw., muss benannt und aufgelöst werden. Drittens ist es notwendig, aus der destruktiven Rollenwiederholung, die eine posttraumatische Belastungsstörung mit sich bringt, herauszukommen und zu einer positiven Szene zu gelangen. Ein Mädchen braucht das Verständnis und die Zuwendung des Vaters oder der väterlichen Instanz. Sie kann sich aber nur ihrem Urvaterbild (siehe Kapitel „Selbstbeelterung") verpflichtet fühlen, einem Mann, der sie schützt, wahrnimmt, versteht und dennoch Grenzen einhält, sie in ihre Integrität hineinwachsen und schön werden lässt.

Dieses Vaterbild ist im christlichen Sinn zu ehren und sie hat jedes Recht, sich von dem Stiefvater zu distanzieren. Wenn sie nicht mit dem Urvater, mit der archetypischen Rolle des Vaters, in positiven Dialog tritt, wird der negative Dialog festgeschrieben. Es ist klar, dass durch dieses Umdenken und Umfühlen nicht jahrelange Missbrauchserfahrungen aufgehoben werden können. Der Ansatz, zu einer positiven Lösung zu finden und die negative Szene hinter sich lassen zu können, wirkt entlastend.

13. Das Stockholm-Syndrom

Das zweite Phänomen ist eine besondere Ausprägung des eben beschriebenen Mechanismus: Wir bezeichnen es als Stockholm-Syndrom. Dieser Begriff meint eine Erscheinung, die bei einem Banküberfall in Stockholm der Weltöffentlichkeit vor Augen geführt wurde. Die als Geiseln genommenen Bankangestellten identifizierten sich nach einigen Tagen mit den Geiselnehmern, da sie gemeinsam mit diesen in der Bank eingesperrt waren und die Belagerung durch die Polizei zunehmend als Bedrohung empfanden. Sie bauten Angst vor der Polizei auf, waren nach der Befreiung den Geiselnehmern dankbarer als der Polizei, besuchten sie im Gefängnis und baten bei der Gerichtsverhandlung um Gnade für sie.

Dies ist ein Phänomen, das bei einer psychischen Traumatisierung immer wieder zu sehen ist. Es beinhaltet eine extreme Abwehrleistung des psychischen Apparats, um mit der individuellen, intimen und existenziellen Bedrohung fertig zu werden.

Es ist auch ein Phänomen, das sich quer durch unsere Gesellschaft zieht. Bei massiven Grenzverletzungen und Traumatisierungen neigt unsere Gesellschaft stark dazu, die Täter zu schützen und die Opfer kritisch zu betrachten. Wir haben es also mit einem kollektiven Phänomen zu tun, das sowohl Opfer als auch Gesellschaft betrifft. Sogar Frauen, die missbraucht oder vergewaltigt wurden oder denen eine andere schwere Traumatisierung zugefügt wurde, weisen oft Züge des Stockholm-Syndroms auf. In der Psychotherapie müssen Themen wie: „Was habe ich selbst dazu beigetragen, dass so etwas passieren konnte?“ bearbeitet werden. Frauen, auch Kinder überlegen sich, ob sie zu verführerisch, zu einladend etc. gewesen sein könnten, wobei bei diesen Vorfällen und kriminellen Handlungen ganz klar ist, dass die Schuld und Verantwortung einzig beim Täter liegt.

Im weiteren Sinn können wir das Stockholm-Syndrom in vielen autoritären Systemen erkennen, in denen sich die Menschen mit den Peinigern identifizieren. Nicht das Benennen des peinigenden Verhaltens, das Kritisieren, die kritische Stellungnahme, das Widersetzen stehen im Vordergrund, sondern die Verkehrung ins Gegenteil: das Idealisieren des Verhaltens der Peiniger, eine vertiefte emotionale Verbundenheit, sogar Dankbarkeit.

Beispiel:
Michael R. ist Oberarzt in einer großen Abteilung eines Allgemeinkrankenhauses. Er wird zu mir an die Psychosomatik gewiesen, da er unter einer chronisch entzündlichen Darmerkrankung leidet und die psychodynamischen Begleitursachen erforscht werden sollten. Michael R. erzählt, dass er eine Freundin habe, mit der er sehr glücklich sei, sie planen ein gemeinsames Kind und werden heiraten. Sie wohnen gemeinsam in einer Wohnung, die sie sich sehr schön eingerichtet haben, und verkehren in einem netten Freundeskreis.
Auch die Arbeitssituation schildert er positiv. Er habe einen strengen Vorgesetzten, Chef und Lehrer. Am Morgen müssen alle Ärzte antreten und die Krankengeschichten der neu aufgenommenen Patienten erzählen. Sein Chef sei sehr korrekt, fordere genaues Wissen und sei unbarmherzig mit Kollegen, die nicht genau vorbereitet sind. Er wisse diese gezielt zu demütigen, da könne es schon sein, dass manchmal Tränen fließen. Keiner getraue sich, gegen ihn aufzubegehren, weil der Chef einerseits mit seinen Ansprüchen absolut recht habe und nur so die Abteilung gut zu führen ist, und weil sie andererseits auch Repressalien befürchten, da sie doch von seiner Gunst sehr abhängig seien.
Michael selbst habe über Jahre eine Spezialambulanz aufgebaut und damit ein großes Fachwissen erworben. Er habe sich in dem Team, das er gebildet hat, sehr wohl gefühlt und sei bei den Patienten sehr beliebt gewesen. Sein Chef sei mit seiner Arbeit sehr zufrieden gewesen, habe ihn jedoch eines Tages ohne Angabe von Gründen auf eine andere Station versetzt,

die er jetzt auf Vordermann bringen solle. Der Verlust seiner Leitungsfunktion in der Spezialambulanz habe ihn schon geschmerzt, er habe sich jedoch nicht dagegen wehren können und die neue Aufgabe sei ebenso sehr ehrenvoll.

Lösungsvorschlag:
Nach der psychoanalytischen Theorie werden Menschen und ihre Botschaften, die uns im Laufe des Lebens begegnen, als innerseelische Instanzen, als sogenannte Objektrepräsentanzen gespeichert. Sowohl positive als auch negative Eindrücke werden zum Teil bewusst, zum Teil unbewusst in der Seele abgebildet. Meist ist es gar nicht so einfach, die destruktiven Einflüsse zu enttarnen.

Durch die vielen Beispiele und positiven Lösungsvorschläge werden Sie zunehmend in der Lage sein, diese destruktiven Anteile zu erkennen und durch positive Repräsentanzen, durch positive Szenen, durch positive Bilder zu ersetzen. Der Mensch hat immer die Sehnsucht nach der positiven Auflösung der Szene. Dies ist eine der wichtigsten Botschaften der psychotherapeutischen Methode Psychodrama. Hier werden negative, destruktive Begebenheiten oder Gespräche in Form von Rollenspielen nachgestellt und nachempfunden. Durch die Korrektur im Sinne des Durchspielens der positiven Lösung, der Wunschszene, der ersehnten Szene, sollen die destruktiven Szenen in ihr Gegenteil umgewandelt werden.

14. Die Opferrolle

Zum Leben gehört, dass einem zeitweise Unrecht widerfährt, dass man verletzt, gedemütigt, gekränkt wird. All dies stellt das Selbstwertgefühl auf eine harte Probe. Wenn wir nicht gelernt haben, diese negativen Erlebnisse auszugleichen, zu bearbeiten, zu neutralisieren, die Selbstbeurteilung über die Fremdbeurteilung, den Selbsttrost über die Kränkung durch den anderen zu stellen, läuft man Gefahr, in die Opferrolle zu geraten. Man bleibt an der

Kränkung, an der Verletzung hängen und dieser negative Einfluss bestimmt den großen Teil des Tages. Die Anklage des Täters, das Ärgern über die Vorkommnisse, das Leiden unter der Situation, das Erwecken von Mitgefühl, das Suchen von Trost bei anderen werden zum Hauptinhalt des Lebens. In letzter Konsequenz entsteht eine Abhängigkeit von diesem kränkenden und verletzenden Erlebnis.

Je intensiver die Kränkung und die damit verbundene Grenzverletzung sind, umso schwieriger ist es, dieses Erlebnis zu bearbeiten und zu neutralisieren. Nur das kann jedoch das Ziel sein. Wir können den Tätern nicht die Genugtuung geben, in der Opferrolle zu verharren. Es ist notwendig, wieder Anschluss bei den gestaltenden, positiven, glücklichen Seiten des Lebens zu finden.

Beispiel:
Frau Maria R. ist Blumenhändlerin. Sie leidet, weil sie weiß, dass ihr Mann immer wieder Beziehungen zu anderen Frauen unterhält. Sie macht ihm Vorwürfe, die immer wieder in heftige Streitereien münden. Frau R. hat zwei Töchter, diese sind schon 19 und 17 Jahre alt. Die jüngere kontrolliert laufend die SMS ihres Vaters. Sie ist empört über den Vater. Die ältere versucht wiederholt, die Eltern zu versöhnen, was auch immer wieder gelingt. Herr R. verspricht ständig, seine außerehelichen Beziehungen aufzugeben, hält diese Versprechen jedoch nie ein. Das ganze Leben von Frau R. ist geprägt durch die Kränkung. Ihre Arbeitskolleginnen werden genauso in das Thema eingebunden wie ihre Freundinnen. Im Zuge einer weiteren Auseinandersetzung kommt es zu Handgreiflichkeiten. Frau R. ist nun fest entschlossen, sich scheiden zu lassen. Die Interventionsstelle für Frauen hilft ihr, die rechtlichen Ansprüche geltend zu machen. Frau R. leidet unter Schmerzen im Unterleib, Angstzuständen und Schlafstörungen. Deshalb kommt sie zu mir.

So schmerzlich die Erlebnisse sind und Teil der Therapie sein müssen, sollte es nach einer Trauerphase über den Verlust des Gatten, des Familienglücks und des Traumes von einem schönen gemeinsamen Leben langsam dazu kommen, dass sich Frau R. auch um sich, um ihr Lebensglück und ihre Freude kümmert. Sie erkennt selbst, wie sehr sie in der Opferrolle verstrickt ist, besonders, da sie auch ihre Freundinnen immer wieder darauf aufmerksam machen, sie aber trotzdem nicht loslassen kann und sich weiterhin alles um ihre Kränkung dreht.

Lösungsvorschlag:
Versuchen Sie im Sinne der Traumawaage, die belastenden, kränkenden, verletzenden Aspekte der Situation in die eine Seite der Waagschale zu legen. Dann wenden Sie sich bitte der anderen Waagschale zu. Dort legen Sie alle positiven Dinge des Lebens hinein: Ihre positiven Beziehungen, die Menschen, die Sie trösten, jene, die Sie lieben, die Lebensfreude und die vielen schönen Erlebnisse Ihres Lebens. Machen Sie diese Übung so lange, bis die positive Waagschale deutlich schwerer wiegt und somit das Trauma Gelegenheit hat, zu verblassen. Wehren Sie sich gegen die Opferrolle, da sie Ihnen die Möglichkeit nimmt, gestaltend das Leben zu leben und Ihre Beziehungen bunt, individuell und abwechslungsreich zu empfinden.

15. Die Angst vor der Selbstbefriedigung

Wie Sie an den vielen Beispielen sehen, ist das Psychische und damit das Glück, das Wohlbefinden gestaltbar und machbar. Sie haben es also in einem nicht geahnten Maß selbst in der Hand, Ihre psychische Befindlichkeit zu steuern, um sich in Ihrer Haut wohl zu fühlen. Dagegen spricht eines der letzten großen Tabus unserer Gesellschaft: die Selbstbefriedigung.

Sind Sie jetzt kurz zusammengezuckt, sind Sie unangenehm berührt? Sie befinden sich in guter Gesellschaft. Dieses Thema der Selbstbefriedigung ist von größter Bedeutung und es ist notwendig, dass Sie selbst einen Standpunkt dazu entwickeln. Angst vor der Selbstbefriedigung bedeutet Angst vor dem Glück. Wer die Selbstbefriedigung ablehnt, lehnt das Glück ab.

Dabei geht es in diesem Buch nicht um sexuelle Selbstbefriedigung, sondern um Befriedigung des eigenen Wohlbefindens, des eigenen Glücks. Das Gehirn ist leider so gebaut, dass es die sexuelle Selbstbefriedigung von den anderen Formen der Selbstbefriedigung nicht leicht trennen kann. Auf einer unbewussten Ebene ist es daher nicht gestattet, sich selbst glücklich zu machen. Wir müssen alles daran setzen, um von anderen glücklich gemacht zu werden. Dies widerspricht jedoch diametral dem Anspruch auf Unabhängigkeit und Autonomie. Auch hier können wird die Ausläufer der Schwarzen Pädagogik enttarnen, deren Botschaft unter anderem lautet, dass man sich von Eltern und Vorgesetzten abhängig machen, sich unterwerfen muss, dass nur das stimmt, was diese sagen, dass nur diese Achtung verdienen und dass es umgekehrt schädlich ist, ein hohes Selbstwertgefühl zu haben. Nützlich und menschenfreundlich ist hingegen, eine geringe Selbsteinschätzung zu haben und demnach auf positive Dinge, die einen selbst betreffen, zu verzichten. So wird der Partner gerne in die Pflicht genommen, der immer wieder betonen muss, dass man liebenswert, attraktiv und anziehend ist, und er muss auch für unser Glück sorgen, was leider sehr oft in eine Sackgasse führt.

Die Selbstbefriedigung in jeder Form wird hingegen von vielen Menschen abgelehnt. Dies hat zum Teil historische Gründe. Die Selbstbefriedigung ist über viele Jahrhunderte als sittenwidrig eingestuft worden und wurde besonders von der katholischen Kirche als sexuelles Fehlverhalten gebrandmarkt. Verbunden damit waren Botschaften, die wiederum aus dem Bereich des Aberglaubens stammen und sich zum Teil bis in die heutige Zeit tradiert haben. Durch Selbstbefriedigung soll es zu Gehirnschwund und Rückenmarkserweichungen kommen, aber auch Krankheiten wie Pocken und Tuberkulose, Akne, Krebs, Wahnsinn bis hin zu Lepra sollen dadurch ausgelöst werden. Buben wurde vermittelt, dass sie nur ein begrenztes Maß an Spermien zur Verfügung hätten und deshalb mit diesen haushalten müssten. Sie sollten sich im Vorhinein überlegen, wann und wo sie ihre „Munition“ verschießen.

Sie werden mit mir übereinstimmen, dass diese Erklärungen in der heutigen Zeit als Unsinn bezeichnet werden können. Durch das Nachweisen der verschiedenen Erreger der Erkrankungen wie Tuberkulose und Pocken sind diese Vermutungen eindeutig in den Bereich der Mythen verbannt worden. So sehr diese wissenschaftlichen Erkenntnisse auch allgemein bekannt wurden, veränderten sie freilich kaum die allgemeine Einstellung zur Selbstbefriedigung.

Beispiel:
Frau Lisa K. ist Verkäuferin in einem Schuhgeschäft. Sie ist 38 Jahre und enttäuscht vom Leben, da sich ihr langjähriger Freund von ihr getrennt hat. Sie sucht jetzt verzweifelt nach einem Ersatz, geht jeden Abend aus, um einen neuen Mann kennenzulernen. Bisher hat sie nur Enttäuschungen erfahren. Wegen Angstzuständen und Schlafproblemen kommt sie zu mir zur Behandlung. Ihr gesamtes Denken, Fühlen und Handeln ist von der Sehnsucht nach einem passenden neuen Mann bestimmt, der sie glücklich machen soll. Sie wehrt sich lange Zeit gegen meine Vorschläge, dass sie für sich unabhängig werden, ihr Leben aktiv gestalten soll und für sich Freude am Leben empfinden könne. Sie empfindet das alles als sinnlos und als Selbstbefriedigung. Das Glück auf Erden könne nur ein Mann sein, mit dem sie sich gut versteht. Meiner Rückmeldung, dass man ihr die Enttäuschung, ihren Frust und ihre Sehnsucht anmerke, dass das keine guten Voraussetzungen für eine neue Beziehung sind und dass sie eher Gefahr

laufe, ausgenützt zu werden, kann sie zwar zustimmen, sich aber trotzdem nur zögerlich zu einer Unabhängigkeit und Selbstversorgung entschließen.

Lösungsvorschlag:
Dieses Buch gibt Anleitungen, wie Sie es schaffen können, unabhängig zu sein, sich selbst in Ihrer Haut wohl zu fühlen, das Gefühl von Glück zulassen und empfinden zu können. Mit diesen Übungen werden Sie autonom gegenüber Ihrer Umgebung und Mitmenschen, weil es Übungen sind, die Sie mit sich allein machen – Übungen zur Befriedigung Ihres Selbst, für viele Menschen Selbstbefriedigung. Dabei möchte ich immer wieder betonen, dass wir alle diese neu erlernten Fähigkeiten nützen sollen, um begegnungsfähig und liebesfähig zu werden. Das höchste Ziel ist, das Glück mit jemand anderem zu teilen, mit jemand anderem glücklich zu sein, dies jedoch auf der Basis von Unabhängigkeit. Die verschiedensten negativen Auswirkungen von Abhängigkeit hat Harriet Braiker sehr eindrucksvoll in ihrem Buch „Giftige Beziehungen" beschrieben.

Glück ist eng mit psychischem Wohlbefinden und Gesundheit verknüpft. Es verbindet Werte wie Lebensfreude, Zufriedenheit, subjektives Wohlbefinden und harmonische Beziehungen. Sie finden es, wenn Sie sich in Ihrer Haut wohl fühlen, mit sich selbst im Einklang sind oder die Zeit mit Freunden und der Familie gemeinsam verbringen.

16. Problemeskalation

Die Angst vor dem Glück begünstigt die Tendenz, Probleme nicht zu lösen, sondern in unterschiedlichster Form zu verlängern oder eskalieren zu lassen. Hier entsteht oft das Gefühl, dass sich Menschen nicht von Eros, dem Streben nach Glück, sondern von Thanatos, dem Destruktions- oder Todestrieb, leiten lassen.

Der häufigste Fehler beim Auftauchen eines Problems besteht darin, emotional zu reagieren, also wütend, ängstlich, unwirsch oder gereizt. Damit wird aber das Problem nicht gelöst, sondern nur angeheizt.

Der zweite häufige Fehler ist in der Neigung zu suchen, sich über das Problem zu stellen und dieses zu beurteilen: „Wie konnte es nur so weit kommen? Da haben alle Kontrollinstanzen versagt, das ist von den Beteiligten wirklich unmöglich …" Damit nimmt man sich aus dem Bereich der Problemlösung und signalisiert, dass das Problem nur wegen der Unfähigkeit der anderen überhaupt so groß werden konnte.

Ist man selbst direkt mit dem Problem konfrontiert und in das Problem involviert, so gibt es auch hier wieder einige Möglichkeiten, die es deutlich erschweren, das Problem zu lösen: Reflexartig schiebt man alle Schuld dem anderen zu, der sich natürlich genauso reflexartig dagegen wehrt und alles versucht, die Schuld an dem aufgetauchten Problem an einen selbst zurückzuweisen. Auf diese Weise entsteht ein Fehlerkreis, der sich über Jahre und Jahrzehnte aufrechterhalten kann.

Oder man sieht den anderen, mit dem man das Problem hat, als Gegner. Man beginnt ihn zu bekämpfen, in den Augen anderer unmöglich zu machen, Stimmung gegen ihn zu mobilisieren, ihn anzugreifen und zu diffamieren, beharrt auf dem eigenen Standpunkt und ist nicht bereit, die Meinung des anderen, dessen Sichtweise zu erfassen.

Es entspricht natürlich einem Teil der menschlichen Seele, Probleme eskalieren zu lassen. Es ist das Bedürfnis nach Match, nach Kampfschauplatz, nach Auseinandersetzung, nach Verbrüderung gegen die andere Partei, beseelt von dem Wunsch, gemeinsam stark sein zu wollen. All das produziert Gegner, die beim Vorhandensein von Problemlösungsverhalten gar nicht in der Weise entstehen würden.

Beispiele:
Gerlinde und Paul sind schon länger ein Paar. Sie haben es noch immer nicht gelernt, Probleme zu lösen. Kaum tritt ein solches auf, versucht der eine, dem anderen die Schuld dafür in die Schuhe zu schieben. Es entsteht ein Streit, der regelmäßig zum Machtkampf ausartet. Keiner will nachgeben, keiner will den anderen verstehen. Im Gegenteil: Im Streit trachtet jeder danach, den anderen an seiner empfindlichsten Stelle zu treffen und ihn zu verletzen. Vorübergehende Trennungen sind die einzige Lösung. Da die Verbundenheit und Liebe größer sind, finden beide wieder zueinander, um beim nächsten Problem eine neue Variante des gleichen Spiels zu spielen.

*

Primarius P. und Primarius L. sind Abteilungsleiter in einem Krankenhaus. Sie arbeiten im Prinzip in verschiedenen Fachrichtungen. In manchen Bereichen gibt es allerdings Überschneidungen. Die Spitalsleitung schlägt vor, Doppelstrukturen zu vermeiden. Jene Aufgabenbereiche, in denen es Überschneidungen gibt, sind so aufzuteilen, dass eine Vereinfachung der Strukturen eintritt und damit eine klarere Orientierung für die Patienten möglich wird. Das führt dazu, dass jeder der beiden das Gefühl entwickelt, dass ihm etwas weggenommen werden soll. In intensiven Anstrengungen wird versucht, die Qualifikation der eigenen Abteilung herauszustreichen und die mangelnde Kompetenz der anderen zu betonen. Andere Abteilungsleiter werden mit einbezogen, um sie auf die eigene Seite zu ziehen, und auch die zuständigen politischen Instanzen werden damit befasst. Ganze Teams leiden unter dem Konflikt. Wertvolle Energie, aber auch Arbeitszeit geht verloren.

Lösungsvorschlag:
Ein wesentlicher Teil des Wissens um psychische Gesundheit und Glück liegt in der prinzipiellen Bereitschaft zur Problemlösung.

Es gehört zum Leben, dass Probleme auftreten, die im Moment nicht lösbar sind, sondern einen umfassenderen Plan zur Bearbeitung benötigen.

Probleme lösen heißt, von Anfang an bereit zu sein, die Lösung des Problems im Auge zu haben. Im Leben wird es immer wieder Menschen geben, die unterschiedlicher Meinung sind und unterschiedliche Standpunkte vertreten. Probleme lösen heißt, immer beide Standpunkte als möglich anzuerkennen, auch wenn sie grundsätzlich kontroversiell sind. Probleme begleiten uns in der Politik, im Umweltschutz, in der Wirtschaft, in der Entwicklungshilfe, beim Einkaufen, in der Familie, in der Arbeit usw. Das Lösen von Problemen ist ein zutiefst demokratischer Prozess, bei dem jeder seine eigene Meinung haben darf und haben muss. So, wie es im dialektischen Prinzip eine These und eine Antithese gibt und zwei Standpunkte immer das Problem genauer definieren, so darf es auch bei Konflikten zwei unterschiedliche Standpunkte geben, die ausgetauscht werden müssen, und eine gemeinsame Synthese, ein dritte Meinung als Lösung des Problems, die gemeinsam erarbeitet werden muss.

Probleme treten in unserem Leben auf Schritt und Tritt auf. Sie begleiten unser Leben. Daher ist es von so immenser Wichtigkeit, sich mit dem Phänomen des Problemlösungsverhaltens zu beschäftigen.

17. Die Idealisierung und Dämonisierung

Eine weitere Verhaltensweise, die zur Eskalation von Konflikten und Problemen führen kann und damit dem Glück entgegensteht, ist die Idealisierung und Dämonisierung. Dieses Prinzip, das im analytischen Sprachgebrauch als Spaltung bezeichnet wird, benützen sowohl politische Parteien als auch leider Medien immer wieder, um Stimmung zu machen. Die sogenannten Volkstribune beherrschen dieses Instrument am besten. Eine Sichtweise des

Problems wird als ideal, als gerecht und sauber dargestellt, die andere Sichtweise hingegen dämonisiert, verteufelt, diffamiert.

Das Problem daran ist, dass die Wahrheit meist in der Mitte liegt. Idealisierung und Dämonisierung gehören ebenfalls zu den Urbedürfnissen des Menschen. In diesem Zustand fühlen wir uns ganz im Recht, spüren einen starken Schulterschluss und Rückhalt. Wir übersehen und vergessen dabei, dass die Wirklichkeit komplizierter ist und differenzierter gesehen werden muss. Natürlich wirkt es befreiend, wenn man etwa die Schuld an der Kriminalität den Ausländern und Asylanten zuschieben kann. Es ist auch geboten, kriminelle Ausländer wirksam zu bekämpfen. Die Gefahr besteht nur darin, dass alle Ausländer in einen Topf geworfen und zu Sündenböcken gemacht werden. Es sind weder die „Amerikaner" noch die „Islamisten" nur gut oder nur böse. Jeder Mensch und jede Gruppierung, jede Familie und jede Firma, jede Partei und jede Religionsgemeinschaft hat Stärken und Schwächen. Das ist zu erkennen und im Prinzip zu akzeptieren. Eine Verbesserung ist immer möglich und anzustreben.

Wird jedoch dem Phänomen Idealisierung und Dämonisierung nicht klar entgegengesteuert, so entsteht ein anderes Phänomen: Das subjektive Recht wird auf Bereiche ausgedehnt, die der Rechtsstaat zum Teil ganz klar verbietet. Selbstjustiz, Rache, harte körperliche Bestrafung des Konfliktgegners, gerechter Mord, Ausweisung, Verbannung, Folter rücken in den Bereich der „richtigen und gerechten" Reaktionsmöglichkeiten.

Auf dieser Basis kann es natürlich kein Lösen von Problemen geben, sondern einen Krieg, der nur Gewinner und Verlierer kennt. In unserer Zeit sollten wir jedoch nicht lernen, Krieg zu führen, sondern Problemlösungsverhalten zu üben.

Beispiele:

Herr P. ist Mitglied einer politischen Partei. Er genießt die Parteiveranstaltungen, da er sich dort einerseits mit seinen Freunden trifft, andererseits voll und ganz in seiner politischen Gesinnung bestärkt wird. Hier wird klar benannt, was richtig und was falsch ist. Er liebt die Tüchtigen in der Gesellschaft und findet, dass diese viel mehr gefördert werden müssen. Er ist überzeugt, dass derjenige, der kein Geld und keine Arbeit hat, selbst an seiner Misere schuld sei. Er würde viel strenger und härter mit jenen Menschen umgehen, die er als Schmarotzer der Gesellschaft sieht. Die anderen Parteien werden abgewertet, weil sie aus Weicheiern und Zauderern bestehen. Er würde mit seiner Partei hart durchgreifen, klare Regeln aufstellen, nach denen sich alle zu richten haben, fordert Konsequenzen und Strafen für die Schmarotzer. Er würde die Begabten und Fleißigen wesentlich mehr fördern. Diese müssten im jetzigen System viel zu viel Rücksicht auf die Armen der Gesellschaft nehmen, würden durch diese in ihrem Erfolg und in der Umsetzung ihrer Möglichkeiten gebremst werden. Diese Gesinnung führt schließlich dazu, dass Arme, Arbeitslose, notleidende Ausländer, Asylsuchende als Feinde gesehen und empfunden werden.

*

Frau Sylvia K. ist Angestellte. Sie hat Probleme mit Männern. Sie ist attraktiv, charmant, weiß sich gut zu kleiden und hat einen gewinnenden Umgang. Sie liebt ihr Zuhause, hat es schön eingerichtet und findet sich gut im Leben zurecht. Im Beruf ist sie erfolgreich und beliebt. Viele Männer machen ihr den Hof und umschwärmen sie. Sie ist sehr wählerisch. Wenn sie ein Mann fasziniert, legt sie Wert auf ein langsames Kennenlernen. Sie bemerkt, dass sich bei ihr immer wieder ein ähnliches Muster abspielt. Am Anfang der Beziehung sieht sie nur die positiven Seiten. Sie kann die Beziehung genießen, ist glücklich, erfüllt, unternimmt sehr viel mit dem Freund, freut sich, wenn er ihre Freunde kennenlernt, und plant eine wunderschöne Zukunft.

Mit der Zeit fallen ihr zunehmend negative Seiten an ihrem Freund auf. Kleinigkeiten beginnen sie zu stören. Er schraubt die Zahnpastatube nicht zu, schmatzt beim Essen, liest lieber die Zeitung, als sich mit ihr zu unterhalten. Das Auto ist ihm viel zu wichtig, dagegen zeigt er zu wenig Interesse an Kultur und Politik. Sie beginnt ihn zunehmend zu kritisieren. Sein Geschmack gefällt ihr nicht, sie fängt an, andere Kleidung für ihn auszusuchen, und laufend treten Konflikte und Streitigkeiten auf. Sie ist sich nicht mehr so sicher, ob er wirklich zu ihr passt. Im weiteren Verlauf beginnt sie sich für ihn zu genieren, weiß auch unter Freunden immer mehr an ihm auszusetzen. Er lässt sich diese Abwertung zunehmend weniger gefallen, und am Schluss der Beziehung bleibt von dem einst geliebten Menschen nur noch das Bild eines Scheusals übrig.

Lösungsvorschlag:
Sind die Meinungsverschiedenheiten zu polarisiert, aufgeheizt und aggressiv, ist es sinnvoll, sich im Bereich des Deeskalierens auszukennen. Deeskalation wird in Friedensbüros und auch bei den Einsatzkräften der Polizei gelehrt, um bei Demonstrationen und sich bedrohlich entwickelnden Prozessen beruhigend eingreifen zu können. Im Prinzip geht es darum, sich selbst verstärkende Teufelskreise zu besänftigen. Menschen, auch Polizisten, neigen dazu, auf Aggression mit Gegenaggression zu antworten und zu reagieren. Beim Deeskalationstraining lernt man, diesen Reflex zu unterdrücken und anders zu reagieren. Selbst ist man aufgerufen, ruhig und sachlich zu agieren, keine Drohungen oder Bewertungen in den Mund zu nehmen, das Gegenüber weder anzugreifen noch einzuschüchtern, sondern zu signalisieren, dass man an einer friedlichen Lösung interessiert ist.

Friedrich Glasl hat die verschiedenen Phasen der Konflikteskalation beschrieben. Das Ziel muss immer sein, dass am Schluss eine Win-win-Situation entsteht, dass also nur Gewinner vom Platz gehen. Natürlich ist es notwendig, dass sich alle Konfliktparteien an die Gesetze halten. Der Bereich der Problemlösung ist jedoch nicht im Allgemeinbürgerlichen Gesetzbuch festgeschrie-

ben. Es sind Regeln, die erlernt werden müssen. Das Wissensgebiet der Mediation beschäftigt sich vorwiegend mit Konfliktlösungsstrategien. Das Wissen um Problemlösungsverhalten sollte jedoch nicht den Spezialisten vorbehalten bleiben, sondern jedem von uns zugänglich sein, weil diese Fähigkeiten zentral zur Steuerung von Zufriedenheit und Glück notwendig sind. Bereits Karl Popper hat die Wichtigkeit bezüglich dieser Fähigkeiten erkannt und in seinem Buch „Alles Leben ist Problemlösen" festgehalten.

Die Kunst der Problemlösung führt immer über drei Stufen: Die erste Stufe besteht im Erfassen und in der Analyse des Problems. In der zweiten Stufe werden die möglichen Problemlösungsvarianten überlegt und aufgezeigt, in der dritten Stufe einigt man sich auf jene Variante, die als Problemlösung in Frage kommt, also am ehesten die Interessen der beteiligten Konfliktpersonen oder -gruppen zufriedenstellt.

Um die Position des anderen besser verstehen zu können, schlägt Moreno einen Rollentausch mit dem anderen vor. Die Aufgabe besteht darin, dass jeder sich in die Situation des anderen, der gegnerischen Partei, so hineinversetzen muss, dass es zum eigenen Anliegen wird. Nach der Rückkehr in die eigene Position ist es nun deutlich einfacher, die Argumente des anderen zu verstehen und sowohl inhaltlich als auch emotional nachzuvollziehen. Durch diese Übung fällt es wesentlich leichter, selbst komplexe andere Sichtweisen (wie die ideologische Haltung der gegnerischen Gruppierung in Bürgerkriegen) zu erfassen und einer Lösung näher zu bringen. In seinem Buch „Psychodrama, Soziometrie und Rollenspiel" schildert Moreno die positiven revolutionären Ansätze dieser Technik.

18. Die Kommunikation hinter dem Rücken

Menschen neigen dazu, wichtige Informationen, Meinungen oder Kritik nicht direkt anzusprechen, sondern hinter dem Rücken der Betroffenen auszutauschen. Wenn man mit einer Entscheidung von Vorgesetzten nicht einverstanden ist, spricht man das nicht direkt an, sondern sucht heimlich nach Verbündeten, die diese Entscheidung ebenso unsinnig finden. Ist man mit dem Verhalten oder der Meinung eines Mitarbeiters nicht einverstanden, beginnt man diesen ebenso hinter dem Rücken zu kritisieren, ihn auszurichten, Stimmung gegen ihn zu machen. Es entsteht ein Gefühl, dass ein kollektiver Verfolger im Raum ist, der Angst, Unsicherheit und Unbehagen verbreitet. Das sind ideale Strategien, um dem Gefühl von Lebensglück entgegenzusteuern.

Beispiele:
Frau Karin T. ist Sekretärin in der Managementabteilung eines großen Konzerns. Sie ist neu an ihrer Arbeitsstelle. Sie ist eine besonders engagierte, gewissenhafte und fleißige Person. Ihre Vorgesetzte spürt vom ersten Tag an eine gewisse Rivalität zu ihr. Diese verführt sie dazu, hinter dem Rücken von Karin Informationen mit den anderen Kolleginnen auszutauschen und Karin nicht in den Informationsprozess einzubeziehen. Da Karin eine besonders liebenswerte und freundliche Person ist, spaltet diese Vorgehensweise die Mitarbeiter in zwei Lager. Viele fühlen sich mit Karin solidarisch, was nach einer gewissen Zeit dazu führt, dass sie verunsichert sind, ob die Vorgesetzte auch über sie Gerüchte in Umlauf setzen und sie von wichtigen Informationen ausschließen könnte. Viele Stunden werden damit verbracht, die Ängste, Befürchtungen und Sorgen auszutauschen sowie das Verhalten der Vorgesetzten zu kommentieren.

*

Harald G. ist Geschäftsführer eines großen Konzerns. Er soll diesen wirtschaftlich wieder flottmachen. Er überlegt sich einige strukturelle Veränderungen, die er jedoch nicht offen als Reformplan im Konzern kommuniziert, sondern die als Gerüchte durchsickern. Unter den Mitarbeitern entsteht allgemeine Angst, dass sie gekündigt, dass ihre Abteilungen wegrationalisiert werden könnten. Es bildet sich eine Gerüchtebörse von Verdächtigungen, wer Handlanger von Harald G. sein könnte, und ein intensiver Austausch darüber, wie man seine Pläne vereiteln könnte. Da von den Plänen aber nichts Konkretes bekannt ist, werden viele Vermutungen in Umlauf gebracht, wodurch die allgemeine Verunsicherung wächst und die Produktivität des Betriebes deutlich leidet.

Lösungsvorschlag:
Eine wesentliche Grundvoraussetzung zur Vermeidung von Konflikten besteht in der Beachtung der Regeln der Offenen Kommunikation. Offene Kommunikation ist nicht nur in Zweierbeziehungen von größter Wichtigkeit, sondern genauso in Firmen, Betrieben, Organisationen, im Staat und in der Politik. Offene Kommunikation bedeutet, dass man den eigenen Standpunkt dem anderen darlegt, und zwar möglichst so, dass der andere das Bemühen spürt, dass man verstanden werden möchte. Immer wieder werden wir auf Menschen stoßen, mit denen wir nicht harmonieren, wo die Differenz im Vordergrund steht und ein Konsens nicht möglich ist. Dies ist auch zu akzeptieren, man kann nicht mit allen Menschen einen Konsens in der Meinung herstellen oder alle Menschen lieben beziehungsweise von allen geliebt werden, es würde auch eine maßlose Überforderung bedeuten. Nicht geliebt zu werden bedeutet jedoch nicht, miteinander verfeindet zu sein. Die Grundprinzipien der Offenen Kommunikation können mit allen Menschen gelebt werden.

In Firmen kommt der Offenen Kommunikation größte Bedeutung zu, da sonst ein wesentlicher Teil der produktiven Arbeitszeit zum Austauschen von Spekulationen, Ängsten, Gerüchten, Sorgen und Aufregungen über Gerüchte aufgewendet werden muss. Es ist sinnvoll, als Leitungsperson klarzumachen, dass die Mitarbeiter über laufende Entwicklungs- und Entscheidungsprozesse informiert werden, dass diese Informationen auch verlässlich sind und Wahrheitscharakter haben. In Österreich besteht eine wunderbare Einrichtung, die Sozialpartnerschaft. Das heißt, dass Arbeitgeber und Arbeitnehmer in einem intensiven Dialog die ablaufenden Prozesse miteinander absprechen und zur Umsetzung bringen. Das bedeutet nicht nur Vermeidung von Ärger, Gerüchten, Aufregungen oder Unterstellungen, sondern in letzter Konsequenz auch Vermeidung von Streiks. Darüber hinaus ist ein anderer positiver Anteil der Offenen Kommunikation nicht zu unterschätzen: das gegenseitige Lernen durch Kritik, Anregungen und unterschiedliche Meinungen, Wünsche, Befürchtungen sowie Erwartungen.

In einer Zweierbeziehung ist die Offene Kommunikation von besonderer Wichtigkeit. Sich dem anderen zu öffnen, sich ihm anzuvertrauen, zu zeigen und sich nicht vor ihm zu verstecken, beinhaltet zwei Grundvoraussetzungen: Zum ersten, dass man gelernt hat, in der Selbsteinschätzung, in der Selbstliebe, in der Selbstachtung und in der Selbstversorgung so weit fortgeschritten zu sein, dass die Angst vor der negativen Reaktion des anderen aufgewogen werden kann. Zum zweiten bedeutet es, dass man erkannt und akzeptiert hat, dass Vertrauen und Vertrautheit nur durch eine Öffnung zum anderen entstehen können und dadurch die Basis für eine Liebesbeziehung geliefert wird.

19. Fürchtet euch nicht

„Fürchtet euch nicht", sprach der Engel des Herrn. Mein väterlicher Freund und Diskussionspartner Helmut Müller-Hartburg hat immer wieder betont, dass es sich hier um eine rückbezügliche Aussage handelt. Wen oder was in uns sollen wir nicht fürchten? „Fürchtet euch nicht" ist also nicht nur mit dem Blick auf die Außenwelt, sondern auch mit dem Blick in die Innenwelt gemeint. Sind es traurige Anteile oder allzu strenge, sind es bestrafende oder allzu fröhliche? Unter dem Einfluss einer negativen Erziehung oder von anderen aggressiven, zerstörerischen, destruktiven und abwertenden Menschen ist man geneigt, mit sich selbst ebenfalls so umzugehen, indem man sich selbst abwertet, beschimpft, hässlich findet und dazu tendiert, sich selbst zu verletzen. Man führt einen Lebenswandel, von dem man selbst sehr genau weiß, dass er ungesund ist, dass er wenig Liebevolles und Fürsorgliches in sich trägt. Diese Anteile sind tatsächlich zu fürchten.

Lösungsvorschlag:
Das Ziel ist also, diese Anteile zu enttarnen und durch die positiven Urbotschaften, durch das bewusste Verstärken der Ureichung (siehe S. 71 ff.) zu ersetzen. „Fürchtet euch nicht, da ihr diese Urbotschaften in euch tragt. Ihr müsst euch nur dazu bekennen." Schließlich ist die Botschaft des Engels mit der Geburt Christi verkündet worden, also mit der Erlösung der Menschen in Zusammenhang zu sehen.

20. Die Angst vor dem Tod

Die Angst vor dem Tod steht dem Glück diametral entgegen. Wenn im Fernsehen im Schnitt pro Tag 70 Tote, meist Morde, zu sehen sind, ist das eine Form, sich mit dem Tod auseinanderzusetzen. Wenn Extremsportler bei Kletterpartien, Autorennen, Schiabfahrten ihr Leben aufs Spiel setzen, ist das eine andere Form.

Wenn wir das Gegensatzpaar Tod und Glück aufheben wollen, müssen wir uns in anderer Weise mit diesen Themen beschäftigen. Die Angst vor dem Tod begleitet die Menschheit seit Jahrtausenden von Jahren. Ein wesentlicher Teil des Gilgameschepos, der ältesten überlieferten Dichtung aus dem 12. Jahrhundert vor Christus, hat als wesentlichen Inhalt das Bemühen von Gilgamesch, die Unsterblichkeit zu erlangen. Ein wahrhaft „ewiges" Thema, und trotzdem setzen wir uns kaum damit auseinander.

Es existieren natürlich keine allgemeingültigen Erklärungen, aber es sollte ein Gespräch darüber, über die Glaubensgrundsätze der verschiedenen Religionen, über das Leben nach dem Tod geben. Das Thema sollte uns vertraut werden.

Sind diese Fragen ungeklärt, hinterlassen sie eine Beunruhigung und ein Loch. Die scheinbare Sinnlosigkeit des Daseins ist ein ständiger Energieräuber, die Angst vor dem Tod überschattet oft wichtige Lebensjahre, die positiv genützt werden könnten.

Da wir nicht daran gewöhnt sind, uns mit diesen Fragen auseinanderzusetzen, werden wir im entscheidenden Augenblick von diesen Fragen überrascht. So kommt es, dass wir als Sterbende nicht von unseren Lieben Abschied nehmen können, da es nur das Leben und den Tod gibt und kein gemeinsames Denken über das Danach erfolgt ist.

Ich plädiere dafür, dass nicht nur der Tod, sondern auch das Jenseits in unser Leben integriert werden soll – das Sein nach dem Tod. Hier stecken der Trost, die Zuversicht und das Gemeinsame. Da wir nicht gelernt haben, weder über das Jenseits noch über den Tod zu sprechen, wird diese Frage selbst dann ausgespart, wenn es dringend notwendig wäre, dass sie zur Sprache kommt. So fürchten sich Kinder davor, dass die Eltern sterben könnten, wenn sie krank sind, und umgekehrt die Eltern vor dem möglichen Tod der Kinder. Ähnlich verhält es sich auch in der Partnerschaft oder in Freundschaften.

Wenn ein Mensch krank ist und die Angst vor dem Sterben auftaucht, dann darf dieses Thema auf keinen Fall zur Sprache gebracht werden, da der Aberglaube besteht, dass man den Tod herbeirede, wenn man über ihn spricht. In vielen vertrauensvollen Therapiestunden habe ich die Erfahrung gemacht, dass das Gegenteil der Fall ist. Das Gespräch über solche wichtigen Themen bewirkt eine Erleichterung, oft sogar ein Glücksgefühl, wenn man merkt, dass der Gesprächspartner bereit ist, sich auf dieses Thema einzulassen. Das Reden darüber bedeutet Entspannung und Kraftgewinn.

Todesangst tritt sehr häufig auf, ohne dass ein realer Grund dafür bestünde. Es sind irrationale Ängste, die uns leiten, uns beseelen, und umso wichtiger ist es, über diese Ängste zu sprechen und sich von dem Druck zu befreien. Natürlich ist es am Anfang schwierig, dieses Thema anzuschneiden, da es in unserer Gesellschaft tabuisiert wird, und nichts scheint schwieriger, als Tabus anzusprechen, weil die Angst vor Missverständnissen doppelt so groß ist. Wir können uns nur gemeinsam bemühen, dieses Tabu aufzulösen und damit den Zugang für diejenigen Menschen zu erleichtern, die größere Schwierigkeiten haben, mit diesen Themen umzugehen.

Wir kennen das Gefühl, dass ein Mensch, der uns viel bedeutet hat und gestorben ist, auch nach seinem Tod noch in unserer Nähe sein kann. Es sind nicht nur die Gedanken an diesen Menschen, sondern das Phänomen besteht darin, dass wir ihn leiblich in der Nähe, im Zimmer spüren können.

Wenn mir Menschen dieses Phänomen schildern, möchten sie von mir als Psychiater die Versicherung haben, dass sie nicht verrückt sind. Ich betone dann jedes Mal, dass das Gegenteil der Fall ist. Das Jenseits wird auf natürliche Weise ins Diesseits integriert.

Kindern ist die Endlichkeit ein geringeres Thema. Sie glauben durchwegs an die Unendlichkeit. Bei Erwachsenen ist das anders. Sie sehen normalerweise dieses Thema kritischer, wenden ein, dass man nicht wisse, wie es nach dem Tod weitergehen werde, und das ist vollkommen richtig. Es ist eine Glaubensfrage, in der man aber auch die Wahl hat zwischen Bildern, in denen man sich wohl fühlen kann, und Bildern, die in einem normalerweise eher unangenehme Empfindungen hervorrufen.

In allen Religionen der Welt gibt es in irgendeiner Form ein Leben nach dem Tod, sei es im Sinne des Himmels und der Hölle, der Wiedergeburt, der Seelenwanderung usw. Diese Vorstellungen sind in jedem Fall befriedigender und kraftgebender und damit für den seelischen Heilungsprozess wieder besser nutzbar als die Vorstellung, begraben oder verbrannt zu werden und dann kommt nichts mehr. Es ist sinnvoll, sich mit diesen Themen auseinanderzusetzen. Viele Menschen, die eine lebensbedrohliche

Krankheit erlitten haben, erzählten mir, dass dadurch eine wesentliche Wende in ihrem Leben eingetreten sei.

Auch das Thema der leistungsunabhängigen Liebe, die sich eventuell zur göttlichen Liebe zusammenfindet, kann neu auftauchen. Plötzlich ist es nicht mehr wichtig, wie viel Geld man hat, wie groß das Auto ist oder das Haus, das man sich gebaut hat; auch die Diplome und Auszeichnungen verlieren an Bedeutung. Es ist die Freude über die Existenz, das neue Suchen nach Beziehungen, nach Verbundenheit, nach Liebe, eventuell auch nach der Liebe zu Gott und dem Gefühl, von ihm geliebt zu werden.

Natürlich sind nicht alle Menschen gläubig. Jene, die gläubig sind, haben es nach der Statistik oder nach den wissenschaftlichen Untersuchungen leichter, Trost und Zuversicht zu finden, aber wir müssen auch jenen etwas offerieren, die nicht so gläubig sind, die damit nicht so gut umgehen können. Hier ist es wesentlich, Bilder anbieten zu können, die Trost spenden und eine Orientierung bieten. Wenn jemand Todesangst hat, kann man ihm sagen, dass wir Jahrmillionen überblicken können. Vor 60 Millionen Jahren sind die Dinosaurier ausgestorben. Was ist die Dauer eines Menschenlebens, das jetzt vielleicht 40 Jahre dauert, im Vergleich zu diesen 60 Millionen Jahren. Hat alles nicht nur Sinn, wenn wir einen Standpunkt einnehmen, von dem wir sagen können: Wir kommen von irgendwoher, wir gehen irgendwohin und dieses Leben ist sozusagen von der Ewigkeit geborgt, und das gerade einmal für eine gewisse Zeit? Man kann auch eine gemeinsame Übung machen, da sich die Betroffenen allein, ausgesetzt und gekränkt fühlen. Man kann sagen: „Wir setzen uns jetzt gemeinsam in ein Boot und rudern 100 Jahre nach vor. Wo sind wir in 100 Jahren, wir zwei? In 100 Jahren gibt es Sie nicht mehr und mich nicht mehr. Überlegen Sie sich, wo Sie in 100 Jahren sind."

Wenn man sich damit auseinandersetzt, entsteht ein ganz beruhigtes Gefühl. Man muss natürlich diese Arbeit leisten, muss sich darauf einlassen und überlegen: „Wo bin ich in 100 Jahren?" Dann kann man wählen und sagen: „Dann bin ich unter der Erde bei den Würmern." Dagegen kann man gar nichts sagen, weil das ein Teil der Realität ist. Man kann aber auch andere Lösungen überlegen, die wesentlich schöner sind. Wenn man zwei Lösungen zur Wahl hat, wobei die eine nicht so schön ist, nämlich bei den Würmern zu sein und gefressen zu werden, und eine andere wesentlich schöner ist, dann wähle ich mir doch eigentlich die schönere Lösung. So versuche ich, die Leute auch mit einem gewissen Humor, aber auch mit einem tiefen Einfühlen, mit einem Wahrnehmen der schmerzlichen Situation über dieses momentane Leid hinauszuheben und auf eine transzendente Ebene zu bringen.

Beispiel:
Thomas K. ist intellektueller Agnostiker. Er ist stolz darauf, dass er an keinen Gott glaubt, dass er das Leben in seiner Existenz anerkennt und weiß, dass nach dem Tod nichts mehr kommt. Er schwärmt für die Existenzialisten, für Camus und Sartre, ist gefühlsmäßig blockiert und sehr stark intellektuell orientiert. Als seine Freundin lebensgefährlich erkrankt, spürt er, dass er keine Basis besitzt, diese Erkrankung zu verkraften und seiner Freundin ein liebevoller und stützender Begleiter zu sein. Er kommt zu mir zur Psychotherapie mit der Bitte, ihm zu helfen, dieses lebensbedrohliche Ereignis zu überwinden.

Lösungsvorschlag:
Versuchen Sie das Wesen der leistungsunabhängigen Liebe (vgl. dazu S. 106 ff.) und die Transzendenz schon im Voraus in Ihr Denken und Fühlen einzubauen und warten Sie nicht darauf, durch eine Krise dazu gezwungen zu werden.

Die Not mit der Psyche

Der berühmte Medizinsoziologe Antonovsky prägte den Begriff der Salutogenese und meinte damit, dass wir erkennen und darauf achten müssen, was uns gesund macht und erhält. Er war der Vorkämpfer für Begriffe, die heute immer mehr Bedeutung gewinnen: nämlich Gesundheitsförderung und Prophylaxe. Für die Bereiche Bewegung und Sport, aber auch für gesunde Ernährung wird diese Notwendigkeit bereits auf breiter Front wahrgenommen. Der Bereich des Psychischen hinkt hinterher. Da gibt es noch keinen Konsens, keine gemeinsamen Botschaften und Vorgehensmaßnahmen, wie psychische Gesundheit und damit Glück gefördert, folglich psychische Erkrankungen und somit seelisches Unglück vermieden werden können.

Dabei widmet sich das „Grünbuch" der Europäischen Kommission genau diesen Themen. Es ruft dazu auf, gemeinsame Anstrengungen zu unternehmen, die psychische Gesundheit im gesamten europäischen Raum zu beachten und zu fördern. Diese Forderungen gehen Hand in Hand mit den salutogenetischen Überlegungen von Antonovsky: Was macht mich gesund, was hält mich gesund?

Psychische Gesundheit wird zwar gefordert und bildet das Ziel jeder Psychotherapie und jeder psychiatrischen Behandlung. Es wird jedoch kaum explizit beschrieben, was unter psychischer Gesundheit zu verstehen ist. Auch diese Lücke soll dieses Buch schließen. Wenn wir über psychische Gesundheit sprechen, sprechen wir auch über die glückliche Seele. Nur eine gesunde Seele kann glücklich sein.

Auch für mich als Mediziner ist das gar nicht so selbstverständlich. Als ich 1991 die Leitung der Psychosomatik in Salzburg übernommen habe, wurde dieser Bereich noch mit großem Misstrauen betrachtet. „Was ist das? Die Psyche? Die Psyche in der Medizin, gibt es die? Hat die überhaupt einen Platz?" Die Patienten haben sich gewehrt, wenn wir zu ihnen auf die Station gekommen sind. Sie haben gesagt: „Wir spinnen ja nicht, wir brauchen doch keinen Psychiater, warum sollte ich mit Ihnen reden?" Es hat sich Gott sei Dank alles verändert. Insofern bin ich sehr froh, dass sich mittlerweile so viele Menschen zu diesem Thema bekennen und sich dafür interessieren.

Die Frage lautet also: Was ist eine gesunde, eine glückliche Psyche oder Seele? Hier gibt es einige Definitionen, die das Phänomen beschreiben.

Sigmund Freud stellt die Beziehungsfähigkeit, die Liebesfähigkeit, die Genussfähigkeit und die Arbeitsfähigkeit in den Mittelpunkt seelischer Gesundheit. Dies ist einerseits eine Definition, andererseits klingt es als Zielvorstellung und wir werden uns damit beschäftigen, wie wir diese Ziele erreichen können. Die Weltgesundheitsorganisation (WHO) nennt sieben Grundbedingungen für die seelische Gesundheit: ein stabiles Selbstwertgefühl, ein positives Verhältnis zum eigenen Körper, Freundschaft und soziale Beziehungen, eine intakte Umwelt, Gesundheitswissen und einen Zugang zur Gesundheitsvorsorge, eine lebenswerte Gegenwart und eine begründete Hoffnung auf eine lebenswerte Zukunft. Auch hier werden Grundbedingungen angeführt, die auch als Ziele gelten können. Im Zuge dieses Buches werden diese Grundbedingungen Beachtung finden und beleuchtet werden.

Wie können wir diese Ziele erreichen? Im Kindergarten lernen wir bereits, dass unsere Zähne zur Vorbeugung von Karies gepflegt werden müssen. Mit der Seele und der Psyche ist es ganz ähnlich. Tägliche Seelenpflege, ob allein oder mit Freunden, kann seelische Not, aber auch körperliche Beschwerden und Krankheiten verhindern. Das Kuratorium für psychische Gesundheit, das wir in Salzburg gegründet haben, beschäftigt sich auf breiterer Basis genau mit diesen Themen (www.kuratorium-psychische-gesundheit.at). Besuchen Sie uns auf unserer Homepage und unterstützen Sie uns in unseren Aktivitäten!

Menschen, die unglücklich sind, sind weder verrückt, noch spinnen sie. Es ist auch keine Schande und auch nicht ansteckend, unglücklich zu sein. Im Gegenteil: Es gibt immer Gründe, warum jemand unglücklich ist, und es ist sehr schön, so viel Erfahrung, Wissen und innere Sicherheit zu haben, dass man Menschen, die unglücklich sind, trösten und unterstützen kann, ohne das Gefühl zu entwickeln, von ihnen seelisch hinuntergezogen zu werden. Mit diesen Gründen und Fähigkeiten soll Sie dieses Buch vertrauter machen.

Rolf Hochhuth hat gemeint: „Die Revolution ist unvermeidbar." Er hat damit die Auswirkungen des Raubtierkapitalismus gemeint. Aber auch auf dem psychischen Gebiet erscheinen Veränderungen ähnlich dringlich. Das Psychische ist noch immer tabuisiert und mit einem deutlichen Stigma behaftet. Es gibt keine Gleichwertigkeit im Bereich der organischen Medizin, der Psychiatrie und der psychosomatischen Medizin. Dabei sind die Prävalenzzahlen für psychische Erkrankungen in Europa enorm: Nach Arbeiten von Wittchen et al. beträgt die Zwölf-Monats-Schätzung für psychische Erkrankungen zirka 27 Prozent, das sind rund 82 Millionen Menschen. Depressionen werden nach Schätzung der WHO in 20 Jahren nach Herzkrankheiten das zweithäufigste Leiden überhaupt sein. Etwa 500.000 Menschen leiden derzeit in Österreich an Depressionen. Nur drei Prozent der Betroffenen befinden sich nach Angaben der Österreichischen Gesellschaft für depressive Erkrankungen (ÖGDE) auch in Behandlung. In Deutschland schätzt das Bundesgesundheitsministerium, dass etwa vier Millionen Einwohner von einer Depression betroffen sind. Auch hier ist nur ein kleiner Prozentsatz in Behandlung.

Die Sterblichkeitsrate in der EU durch Selbstmord beträgt derzeit etwa 58.000 Menschen pro Jahr. Das ist mehr als die Zahl der jährlichen Verkehrstoten, Tötungsdelikte und HIV-/AIDS-Toten. Auch der wirtschaftliche Faktor ist nicht zu übersehen: Die

Kosten psychischer Erkrankungen betragen nach einer IAO-Schätzung drei bis vier Prozent des BIP, hautsächlich als Folge des Produktivitätsverlustes, aber natürlich auch von Behandlungen, Krankenstandstagen, Krankengeld, Kosten von Beratungsstellen sozialer Dienste und so fort.

Denken wir gemeinsam, öffnen wir uns gemeinsam dem psychischen Phänomen. Interessieren wir uns für diese Vorgänge! Haben wir keine Angst vor der Psyche und keine Angst vor dem Glück! Insofern soll dieses Buch Wissen, Kraft, Gewissheit und Stärke vermitteln. Sie sollen sich selbst in Ihrem Seelenhaus wohl fühlen und zu Ihren Bedürfnissen stehen, vor allem auch zu den positiven Seiten Ihrer Seele und Ihrer Existenz, und sich von den destruktiven Anteilen befreien beziehungsweise sie kritisch hinterfragen. Ein basaler Spruch, der zugleich das Lebensmotto des Schriftstellers Erich Kästner war, lautet: „Es gibt nichts Gutes/ außer: man tut es." Wir können aber nicht Gutes tun, wenn wir uns zum Guten nicht entschließen und bekennen können.

Einen wesentlichen Stellenwert müssen wir der Beachtung der psychischen Gesundheit bei Kindern einräumen. Hier haben Egle und Felitti mit den ACE-Studien (Adverse Childhood Experiences Studies) einen wesentlichen Beitrag zum Erhellen der Auswirkungen früher psychischer Schädigungen auf die Entwicklung psychischer, aber auch körperlicher Erkrankungen geliefert.

Die beiden Forscher haben Familien untersucht, bei denen einerseits ein liebevolles, achtendes, wertschätzendes Verhältnis das Familienklima geprägt hat, andererseits Familien, in denen Misshandlungen, Sadismus, Feindseligkeit, chronischer Streit, Scheidung, finanzielle Not, Arbeitslosigkeit und körperliche oder seelische Erkrankung der Eltern die vorherrschenden Themen waren. Sie haben diese Kinder über Jahrzehnte beobachtet und erhoben, wie sich Menschen, die eine liebevolle Kindheit erlebten, entwickelt haben, und was aus jenen Menschen wird, die eine schwierige Kindheit durchlaufen mussten. Jene Kinder, die große Belastungen in der Kindheit erfahren haben, reagieren in einem höheren Prozentsatz mit Erkrankungen, wie Depressionen, Angststörungen, Gewaltverhalten, Suchtverhalten oder Fettsucht, mit Zuckerkrankheit, mit Bluthochdruck, Herzkreislauferkrankungen und Schlaganfällen. Es zeigte sich auch, dass frühe seelische Schädigungen einen engen Zusammenhang mit der Entwicklung von Gewaltverhalten und einer kriminellen Entwicklung aufweisen.

Es ist also klar – und wir wissen das alle –, dass wir durch unsere Kindheit sehr geprägt sind. Interessanterweise gab es jedoch auch eine große Zahl an Kindern, die trotz hoher Belastungen eine sehr positive Entwicklung schaffte. Es bestehen demnach Möglichkeiten, diesem Schicksal zu entkommen. Das heißt auch, dass der Mensch nicht hilflos den negativen Einflüssen, und sei es von den Eltern, ausgeliefert ist. Da dieses Thema so interessant ist, haben Felitti und Egle die Schutzfaktoren herausgearbeitet, die einem Kind helfen können, eine positive Entwicklung zu nehmen.

Schutzfaktoren sind Menschen, die liebevoll sind, etwa Angehörige innerhalb einer Großfamilie, die Großeltern oder andere kompensatorische Elternbeziehungen, die eine Orientierung und ein dauerhaftes sicheres Bindungsverhalten ermöglichen. Wichtig sind jedoch auch die soziale Förderung (zum Beispiel Jugendgruppen, Schule, Kirche), verlässliche unterstützende Bezugsperson(en) im Erwachsenenalter, die Entlastung der Mutter (vor allem wenn sie alleinerziehend ist), eine überdurchschnittliche Intelligenz der Kinder sowie ein robustes, aktives und kontaktfreudiges Temperament. Mädchen sind weniger gefährdet als Jungen. Man hat also die Möglichkeit der Korrektur in sich, wir müssen uns nur darüber im Klaren sein, was hilft und schützt. Wir müssen darüber reden, uns austauschen und Möglichkeiten benennen.

Insofern ist der Mensch kein konditioniertes Geschöpf, das weitergeben muss, was ihm eintrainiert worden ist, sondern er kann sich frei entscheiden. Und diese freie Entscheidung sehen wir glücklicherweise immer wieder bei Menschen, die zu uns kommen und die uns von sehr schlimmen Erlebnissen in der Kindheit erzählen, selbst darunter leiden, weil sich diese Szenen in ihrem Innenleben auf ihrer innerseelischen Bühne abbilden und sich stets wiederholen, die aber sagen: „Meinen Kindern würde ich das niemals antun." Sie können sehr liebevoll und fürsorglich zu ihren Kindern sein und ihnen sehr viel Schutz und Geborgenheit geben.

Es ist unerlässlich, dass wir alle die Bedeutung und die Wichtigkeit von Psyche, psychischer Gesundheit und der Seele erkennen, akzeptieren und in positiver Weise mitgestalten wollen. Wir helfen uns dabei und jedem anderen von uns. Die Ohnmacht, die Blindheit und die Abwertung in Bezug auf das Psychische veranlassen jene Menschen, die dringend eine psychische Unterstützung brauchten, zu schweigen. Aus Scham und aus Angst vor Spott und Abwertung werden psychische Probleme nicht benannt, nicht bearbeitet und somit nicht gelöst, sondern durch psychische oder psychosomatische Erkrankungen ausgelebt.

Es ist auch jeder Arzt, jede Ärztin gefordert, die psychischen Bereiche in das ärztliche Gespräch mit einzubeziehen. In einer Reihe von Untersuchungen wird festgehalten, dass dieser Bereich regelmäßig zu kurz kommt und selbst wenn eine psychische Erkrankung vorliegt, diese nur in etwa der Hälfte der Fälle diagnostiziert wird. Dies ist ein ärztliches Verhalten, das einen Behandlungsfehler und eine Verletzung der Sorgfaltspflicht darstellt. Dieses ärztliche Verhalten geht leider mit einem großen Bedürfnis der betroffenen Patienten Hand in Hand, die es ebenfalls vermeiden, aus Schuld, Angst und Scham heraus das Psychische anzusprechen. Damit ergibt sich ein Teufelskreis.

So möchte ich eine große Lanze dafür brechen, dass von beiden beteiligten Parteien, sowohl von der Patienten- als auch von der Medizinerseite, das Psychische und Seelische mehr Beachtung und Akzeptanz finden. Die Patienten scheuen die Diagnose der Depression genauso wie die Mediziner und sind sich dabei nicht bewusst, dass dadurch auch die Heilungschance missachtet wird.

Eine zweite große Lanze will ich für die Einnahme von Psychopharmaka brechen. Wir sollten uns vor Augen halten, dass bei einem Gefühl der Erschöpfung, des „Ausgebranntseins", der Depression ein Mangel an Neurotransmittern, an Botenstoffen des Gehirns besteht, und dass wir diesen Mangel mit Medikamenten ganz gut ausgleichen können. Vergleichen Sie den Menschen einmal mit einer Firma. Es kann möglich sein, dass ein Betrieb in die „roten Zahlen" rutscht. Er wirtschaftet defizitär. Natürlich ist es notwendig, diesen Betrieb zu sanieren. Man muss beachten, wie die Produktionsabläufe sind, wo wirtschaftlicher produziert, wie die innere Harmonie zwischen Einkauf und Verkauf verbessert werden kann und anderes mehr.

Manchmal wird dieser Umstrukturierungsprozess jedoch zu wenig sein. Eine Finanzspritze von außen, ein finanzkräftiger Partner muss aus dem Tief heraushelfen, damit alles wieder in Fluss kommen kann. So können Sie die Psychopharmaka auch wie die Finanzspritze, wie den finanzkräftigen Partner sehen.

Durch die Erkenntnisse der Hirnforschung ist relativ klar, um welche Stoffe es sich handelt. Das System der Botenstoffe ist zwar kompliziert und bei Weitem noch nicht ganz erforscht, jedoch weiß man, dass die Stoffe Serotonin und Noradrenalin einen entscheidenden Einfluss haben. Ein Serotonin-/Noradrenalinmangel drückt sich in Antriebsarmut, Abgeschlagenheit und Gereiztheit, durch körperliches Unbehagen und Schmerzen, durch das Gefühl, sich Dinge nicht mehr richtig merken zu können, in Konzentrations- und Schlafstörungen sowie in Angstzuständen und Depressionen aus. Auch Zwänge können aus einem Serotoninmangel entstehen.

Sie sehen schon, dass die „Depression" nur ein Teil aus einem ganzen Bündel an Beschwerden, die auftreten können, ist. Daher neige ich dazu, viel eher von einem Serotoninmangel-Syndrom zu sprechen, weil das viel einleuchtender ist und viel mehr den Nagel auf den Kopf trifft, als alles unter „Depression" zu subsumieren.

Körperlich krank zu sein, ist gesellschaftlich akzeptiert; seelisch belastet zu sein, unter Stress zu leiden, ist ebenfalls anerkannt. Jedoch seelisch in einem Maß zu leiden, dass eine seelische oder körperliche Erkrankung entsteht, ist nicht nur nicht anerkannt, sondern bewirkt Angst, so, als ob es etwas Ansteckendes, etwas Bedrohliches wäre, und wird mit Ausstoßungstendenzen von der Gesellschaft bestraft. Diese Erkrankungen haben den Nimbus des Unheimlichen, Unberechenbaren, Belastenden, Energie Raubenden und auch Mystischen.

Wir sind also alle aufgerufen, zum Wohle unserer Gemeinschaft das Psychische zu entstigmatisieren, offen anzusprechen, ein offenes Ohr für die psychischen und seelischen Belange der Mitmenschen zu haben und uns zu bemühen, einen Beitrag zur psychischen Gesundheit zu leisten.

Ein zentraler Weg, der Not mit der Psyche zu begegnen, ist die Bereitschaft, sich mit der Ureichung des Menschen genauer auseinanderzusetzen. In der Ureichung sind die genetisch fixierten Programme des Menschen enthalten, die ich Ihnen in der Folge vorstelle. Mit Bildern, die Ihnen zum Teil vertraut, zum Teil einleuchten werden, da sie dem Urprogramm des Menschen entsprechen, und mit vielen Übungen, die dazu dienen, diese Ureichung wiederzubeleben und zu verstärken, möchte ich der Not mit der Psyche entgegensteuern und Ihre innere Sicherheit sowie Ihr Wohlbefinden festigen und intensivieren.

Die Ureichung des Menschen

„Moreno geht bei allen seinen entwicklungspsychologischen Überlegungen vom Phänomen der Spontaneität aus. Er stellt fest, dass der Mensch nicht nur blindlings ‚ins Dasein geworfen' ist, schon bereits im Embryonalzustand spontan zu seiner Welt in Beziehung tritt. Von Anfang an ist er ein Handelnder beziehungsweise ein Verhaltender" (Leutz, 1980).

„Der Säugling ist jedoch nicht nur Aktor, sondern auch Interaktor, d. h. ein sozial Handelnder. Die frühkindliche Entwicklung wird als Co-being, Co-Aktion und Co-experience begriffen. Bereits die Beziehung zwischen Mutter und Säugling wird als wechselseitiges Geschehen betrachtet. Es handelt sich um eine Beziehung, die kooperatives Handeln anstatt individueller, voneinander getrennter Verhaltensmuster beinhaltet (Moreno und Moreno, 1944)" (vgl. Stelzig 2004).

Der Mensch erfüllt von Anfang an ein aktives, gestaltendes, sich entwickelndes Programm. Dieses Programm drängt zur Umsetzung und hat die Grundzüge des Optimismus in sich. Die Frage ist, wie gut dieses Programm von der Umgebung gefördert wird.

Der Mensch verspürt von der Geburt an den Wunsch nach Liebe, Zuwendung, Geborgenheit ... nach Glück. Versetzen wir uns einmal in einen Säugling. Da er sich naturgemäß nicht selbst versorgen kann, ist er auf Hilfe von außen angewiesen, meist von den Eltern, es können jedoch auch andere Bezugspersonen sein. Schon dieser kleine Säugling „weiß" genau, was er braucht, um zufrieden zu sein. Er weiß es natürlich nicht im Sinne einer gelungenen Reflexion, aber er signalisiert seine Wünsche. Bei Hunger will er gestillt werden oder später das Fläschchen bekommen, wobei bereits ein Kind mit sechs Monaten genau unterscheidet, ob es eine flüssige Babynahrung oder einen Tee braucht. Entsprechend wird es das Gebotene ablehnen oder zufrieden akzeptieren.

Mit dem Stillen verbinden sich Zuwendung, Wahrnehmung, Freude und Stolz. Es gibt Geborgenheit und Halt, bedeutet aber gleichzeitig auch das Setzen von Grenzen und das Gewähren von Schutz. Die Mutter wird darauf achten, dass nicht zu viele Außeneinflüsse auf den Säugling einströmen, da dadurch die Stillszene gestört wird, das Kind abgelenkt ist, zu trinken aufhört, zu schreien beginnt und weiteres Trinken verweigert. Stillen bedeutet auch, sich Zeit zu nehmen, Zeit zu haben oder Ruhe zu finden. Eine hektische Atmosphäre oder eine nervöse Grundstimmung der Mutter kann eine deutliche Störung dieser Szene bedeuten.

Zur gleichen Zeit entsteht das Gefühl von Vertrauen. Auf der Seite des Säuglings die Gewissheit, dass die Mutter oder auch der Vater in der Lage ist, die Wünsche, die der Säugling nicht in Worte fassen kann, zu verstehen und richtig zu beantworten.

Ein Kind braucht Wärme: die entsprechende Kleidung, die Decke, den Polster. Ein Säugling signalisiert, wenn er gewickelt, wenn er das lästige Gefühl in der Windel loswerden möchte. Das alles ist selbstverständlich. Ein Kind benötigt jedoch auch Liebe, Zuwendung, Aufmerksamkeit, Spielen. Es braucht die Anregung, aber bald nicht mehr nur von den Bezugspersonen, sondern es möchte auch die Umgebung wahrnehmen. Es freut sich über Spielsachen, ein Glocken- oder Ringelspiel, das sich mit angenehmem Klingeln über seinem Kopf dreht. Es möchte nicht nur hoch genommen werden und Nähe spüren, sondern sich auch abwenden können und beispielsweise den Autos auf der Straße oder den Vögeln am Fensterbrett zusehen können.

Kinder brauchen Berührung. Sie brauchen Streicheln, Liebkosungen, Kitzeln und Spiele wie „Krabbelt ein Mäuschen übers Häuschen“, „Bauchi blasen“ usw., Spiele, die ich genauer in meinem Buch „Was die Seele glücklich macht“ beschrieben habe. Die Mutter nimmt wahr, was das Kind benötigt. Sie interpretiert den Wunsch des Säuglings, den er nicht artikulieren, sondern nur über psychomotorische Unruhe oder Quengeligkeit ausdrücken kann, richtig.

Kinder geben auch klare „Anweisungen", was jene Menschen, die dann zu den geliebten Menschen werden, tun sollen. Sie belohnen diese Menschen mit einem glücklichen Lächeln oder Glucksen, mit einem Jauchzen und mit Freude und signalisieren genauso klar, wenn etwas nicht so läuft, wie sie es sich wünschen. Um einem Missverständnis vorzubeugen: Ich meine nicht, dass Kinder endlos verwöhnt werden sollen. Ich weiß, dass Kinder, auch bereits Säuglinge, Grenzen brauchen. Es geht um eine klare, liebevolle Auseinandersetzung und um ein authentisches Abstimmen der Bedürfnisse sowohl der Eltern als auch des Kindes.

Hier sehen wir also die tiefste Stufe der Somatisierung, der Körperlichwerdung, in dem prinzipiellen Willkommensein, in der prinzipiellen Botschaft des „Ich freue mich, dass du da bist", „Ich bin stolz auf dich", „Du bist okay", „Du bist gesund", „Ich habe Zeit für dich". Diese frühen Mitteilungen führen beim Kind zu primärer Liebesfähigkeit, Urvertrauen, Entspannung und einem sehr frühen Sich-selbst-Wohlfühlen, aber auch zu Mut, Neugierde und Unternehmungslust.

Genau diese Ebene wollen wir als Ziel wieder erreichen, wenn wir unser Seelenhaus kontrollieren und dort, wo es Mängel aufweist, mit den entsprechenden Übungen nachbessern (siehe Kapitel „Seelenhaus").

Sie werden vielleicht sagen, dass das alles selbstverständlich ist. Wo bleibt das Neue? Das Gewicht dieser Darstellung liegt auf der Beschreibung, der Betonung dessen, was der Mensch wesentlich zu seinem Glück braucht. Es ist die glückliche, erfüllte Szene, die in einem relativ eng abgesteckten Bereich erfolgen soll. Dies sind basale Bedürfnisse und Erkenntnisse, die alle Menschen gleich bewegen und betreffen. Wie viel Geld oder Luxus ein Mensch braucht, ist ein anderes Kapitel. Das soll nicht heißen, dass das „Haben" für das Glück völlig irrelevant ist. Ich möchte nur entsprechend der Bedürfnispyramide nach Maslow aufzeigen, was wichtiger ist, was zuerst kommt und was erst nach der Befriedigung der basalen Bedürfnisse folgt.

Ein wesentlicher Punkt ist die Betonung des Phänomens der „Ureichung“. Ureichung bedeutet, dass die Menschen diese Sehnsucht von Geburt an mitbekommen haben. Dieses „Programm“ ist in ihnen enthalten. Sie verfügen einerseits über ein Programm, das ihnen Lebendigkeit verleiht. Sie beginnen sich umzudrehen, zu sitzen, zu stehen und zu laufen, sind neugierig und möchten die Welt erfassen und erkennen. Sie haben andererseits eine psychosomatische Vorstellung, wie eine gute Mutter, ein guter Vater, gute Bezugspersonen sein sollen, damit sie glücklich sein können. Sie können zu den Japanern gehen, zu den Schwarzafrikanern, den Europäern oder Amerikanern, überall besteht dieselbe Meinung darüber, was eine gute Mutter oder ein solcher Vater ist. Das weiß der Mensch. Das muss er nicht lernen. Und das weiß er auch, wenn er gar nicht so nette Eltern gehabt hat, weil er vielleicht in schwierigen familiären Verhältnissen aufgewachsen ist. Er vergleicht nämlich seine Mutter und seinen Vater mit den Ureltern, mit diesen archetypischen Bildern, die er in sich hat, und kann diese Bilder auch durch das Leben tragen, selbst wenn er sehr viel Schmerz und Leid erfährt. Das heißt, ein Mensch, der so viele unangenehme Erlebnisse in seiner Kindheit hatte, ist nicht unbedingt dazu verurteilt, dass er diese dann weitergeben muss.

Der Mensch ist in sehr positiver Weise angelegt. Es sind positive Szenen, die den Menschen von Geburt an beschäftigen und die zur Erfüllung drängen. Er möchte geliebt werden, er möchte beachtet werden, er möchte gestreichelt werden, er will, dass man mit ihm spielt. Er muss jedoch lernen, mit diesem Urwissen konstruktiv umzugehen. Die bedürftigen Teile müssen in einen befriedigenden Austausch zu den verwöhnenden Anteilen finden (siehe Kapitel „Selbstbeelterung“).

Die Wahrnehmung dieser Urbotschaften der Rollen, die wir durch die Natur eingesetzt bekommen haben, und das Trainieren dieser versorgenden Rollen ermöglichen die Eröffnung einer neuen Dimension. Wir können mit der Zeit erkennen, wie unabhängig wir im Grunde sind.

Diese Botschaften tragen wir immer in uns. Wir müssen zu einem positiven Dialog mit diesen archaischen positiven Rollen finden, der dann so viel Kraft gibt, dass wir den Stürmen der äußeren Einflüsse standhalten können. Gleichzeitig leuchtet die Botschaft auf: Wir dürfen glücklich sein, wir dürfen eine glückliche Seele haben.

Hier ist eine deutliche Erweiterung in der Resilienzforschung, in der Erforschung der Schutzfaktoren, möglich.

Die dritte wichtige Botschaft lautet: Glück ist machbar. Wir haben es in der Hand, als Eltern oder Bezugspersonen Kinder glücklich, aber auch unglücklich zu machen. Hier beginnt jedoch bereits der Titel dieses Buches zu wirken: „Keine Angst vor dem Glück". In unterschiedlicher Weise werden diese Vorstellungen an die Kinder weitergegeben. Die schlimmste Ausformung ist die Schwarze Pädagogik.

Beispiel:
Beobachtung am Strand: Ein kleines Kind bekommt von der Mutter Schwimmflügel angelegt und wird mit seinen zwei Jahren im tiefen Wasser ausgesetzt, unter dem Schutz der Mutter und des Vaters. Das Kind schreit wie am Spieß, die Mutter redet auf das Kind ein, es brauche keine Angst haben, sie sind ja in der Nähe, es könne ja nichts passieren, es habe ja Schwimmflügel an den Armen – das Kind schreit weiter aus vollem Halse. Das Experiment wird abgebrochen, die Mutter schimpft mit dem Kind, weil es sich so aufführt. Das Kind ist dadurch nicht beruhigt, sondern schreit weiter, das Kind bekommt einen Klaps auf den Popo, sodass es nur noch mehr schreit.
Der Vater will sich beschwichtigend einschalten und wird brüsk mit der Begründung zurückgewiesen, dass er das Kind ohnehin nur verwöhne und dass es so nie Probleme bewälti-

gen werde. Der Vater zieht sich zurück, das Kind schreit weiter.

Wenn dieses Kind im Laufe der Jahre immer wieder Angst vor dem tiefen Wasser hat, diese Angst verknüpft mit Angst vor Haien, vor dem Verletztwerden und Ertrinken, weil es als Kleinstkind Fantasien entwickelt hat – von Ungeheuern, die aus der Tiefe kommen und es verschlingen, von tödlichen Gefahren, von Alleingelassen- und Unverstandensein –, so benötigt es später als Erwachsener einen Trost für diese Szenen: ein Gehaltensein, ein Beruhigt-, ein Gestreichelt-, ein Auf-den-Schoß-genommen-Werden, ein Rollenrepertoire von Schutz und Verständnis.

Was mache ich, wenn ich das Glücklichsein verlernt habe?

Menschen, die das Glücklichsein verlernt haben (und die Betonung liegt auf *verlernt haben*, da das Streben nach Glück in der Ureichung des Menschen enthalten ist), suchen normalerweise nach einem Schuldigen. Diese am Unglück Schuldigen lassen sich auch leicht finden: der Chef oder die Chefin, die Firma, die Mitarbeiter, die Arbeit, der Partner, die Mutter oder der Vater, die schlimmen Kinder oder der (dann nicht mehr) liebe Gott. Diese Aufzählung lässt sich jedoch beliebig lang fortführen. Diese Aussage ist provokant und soll auch provokant sein, da im Suchen der Schuldigen nicht die Lösung zu finden ist. Mit dem Suchen der Schuldigen kann man sein ganzes Leben verbringen, ohne der Lösung einen Schritt näher gekommen zu sein. Man weist Schuld zu, jammert und klagt, analysiert die verletzenden Szenen und Ursachen, bleibt dabei im Negativen verhaftet und gefangen.

Wenn Sie noch unglücklich sind, versuchen Sie bitte, diesen Zustand als Problem zu sehen, das langsam gelöst werden muss. Vergessen Sie bitte nicht, dass die Psyche nach dem Gärtnerprinzip funktioniert. Mit Ungeduld werden Sie keine Blume zum schnelleren Wachsen und zum Blühen bringen können. Mit der Seele ist es ganz ähnlich. Lesen Sie dieses Buch bitte aufmerksam und vergleichen Sie in Ihrer eigenen Seele, was für Sie selbstverständlich ist und welche Übung Ihnen helfen kann, den nächsten positiven Schritt zu setzen, um Ihre Situation zu verbessern.

Über Unglücklichsein oder psychische Gesundheit oder die Faktoren, die Glück bewirken, haben wir leider weder im Kindergarten noch in der Schule ausreichend gelernt. Sie müssen diese Lücke also eigenständig füllen. Dieses Buch soll Ihnen Mut machen und Ihnen Möglichkeiten an die Hand geben, Lösungen zu finden. Glück muss man selbst machen und sich auf seine eigene Ureichung beziehen. Wir bauen unseren Seelengarten und unser Seelenhaus nach den Urbauplänen neu.

Zu Beginn sollen Ihnen Bilder helfen, einen besseren Zugang zu und ein besseres Verständnis für Ihre Seele zu bekommen.

Der Seelengarten

Wir gehen von Bildern aus, die jeder Mensch aus dem täglichen Leben kennt: Betrachten Sie Ihre Seele als Garten. Wie der Garten, braucht auch Ihre Seele Pflege, Aufmerksamkeit, Überlegungen, wie Sie ihn gestalten wollen. Wird ein Garten nicht beachtet, nicht gepflegt und geschützt, verwildert er und ist den Unbilden des Wetters ausgesetzt. Die Pflanzen werden vom Unkraut überwuchert, bei Trockenheit verdörren die Blumen, es wird ein Garten entstehen, in dem ein Wohlbefinden nicht möglich ist. Ähnlich verhält es sich mit der Seele. Wir sollten uns bemühen, ein Bild davon zu bekommen, was wir brauchen, um uns in unserem Seelengarten wohl zu fühlen. Überlegen Sie, was Ihr innerer Garten braucht, damit die inneren Blumen blühen können und genügend Kraft und Gesundheit vorhanden sind. Gestalten Sie Ihren inneren Garten so, wie Sie ihn brauchen.

Was sind Kraftquellen, was ist Seelennahrung, was bedeutet innerer Sonnenschein, Wärme, Geborgenheit, Blühen und Gedeihen? In der Psychotraumatologie kennen wir den Begriff des „inneren Wohlfühlortes“. Dieser Ort sollte in den inneren Garten integriert werden. Er sollte eine Möglichkeit zum Krafttanken, zum Wohlfühlen, zum Entspannen und zur Lebensfreude bieten.

Sie können den Seelengarten als Intimsphäre bezeichnen, also einen Bereich, den Sie geschützt wissen wollen, in den Sie nur Menschen einlassen, von denen Sie auch wollen, dass sie hereinkommen. Der Seelengarten ist folglich Ihr ureigenstes Gebiet. Sie dürfen den Seelengarten genau so anlegen, dass Sie sich darin wohl fühlen: geborgen, entspannt, fröhlich und zufrieden. Sie dürfen sich ein Biotop schaffen, eine Hollywoodschaukel aufstellen, wunderschöne Wiesen und Beete gestalten. Sie dürfen sich jedoch auch einen Meeresstrand mit Palmen vorstellen, Sie dürfen sich Ihren Seelengarten genau so einrichten, wie Sie es sich wünschen.

In diesem Bild sind wieder wichtige Botschaften enthalten:

1. Ich kann in mir einen Bereich schaffen, in dem es mir gut geht. In der Traumatherapie nennen wir ihn den sicheren Ort oder den Wohlfühlort.
2. Sie haben es in der Hand, den Seelengarten selbst zu gestalten, und niemand anderer ist dafür zuständig oder verantwortlich. Sie brauchen also keinen Schuldigen zu suchen oder zu finden, sondern versuchen sich unabhängig, autonom zu machen.
3. Sie dürfen sich selbst so sehr verwöhnen, wie Sie nur wollen. Den Fantasien sind keine Grenzen gesetzt.

Das zweite wichtige Detail ist der Zaun. In unserer Welt ist es wichtig, dass man sich vor Übergriffen schützt. Es ist erforderlich, dass der andere nicht in Ihren Seelengarten eindringen, Ihre Blumen niedertreten oder sonst einen Flurschaden verursachen kann. In einem Umfeld, das sich nicht immer liebevoll, fürsorglich und rücksichtsvoll verhält, ist es notwendig, Zäune (Abgrenzungen) zu schaffen, die erlauben, dass nur jene Menschen und Erlebnisse Zugang erhalten, die man auch hineinlassen mochte. Nur so ist es möglich, ein Gefühl zu bekommen, dass man sich in seiner Haut – und die Haut ist auch das Grenzorgan – wohl fühlen kann.

Sie müssen das Recht auf Grenze in sich spüren und den anderen vorerst einmal außerhalb Ihres Seelengartens lassen, und zwar so lange, bis eine vertrauensvolle Beziehung besteht und Sie ihn aktiv einlassen wollen. Sie sollen sich natürlich nicht in Ihrem Seelengarten verbarrikadieren und einbunkern, sondern kommunikationsfähig nach außen bleiben. Sie sollen sich Ihre Grenze, Ihren Zaun, Ihre Hecke oder was auch immer so gestalten, dass Sie sich wohl fühlen. Dies ist durchaus auch veränderbar, so wie

Sie Ihren Seelengarten auch jeweils verändern können, und zwar immer so, dass Sie sich darin wohl fühlen. Der Zaun und die Hecke dürfen so hoch sein, dass der andere gar nicht hineinsehen kann. Er kann aber auch so niedrig sein, dass der andere von der Schönheit dieses Gartens angelockt wird und eingelassen werden möchte. Wichtig ist jedoch, dass Sie selbst bestimmen, wer wie nahe kommen darf und ob Sie sich durch die Möglichkeit, dass andere über Ihre Hecke blicken können, unwohl fühlen oder nicht.

Wir hören sehr viel von Mobbing, von Menschen, denen von außen Belastungen, Abwertungen, Kränkungen in ihren Seelengarten hineingetragen werden: Menschen, die durch den Seelengarten marschieren und die Blumen zertreten. Es ist jedoch eine Tatsache, dass die äußere Bühne, also das, was sich außerhalb des Seelengartens abspielt, oft tatsächlich nicht veränderbar ist. Das ist so in unserer Gesellschaft. Wir können, wenn wir in einem System arbeiten, Mitarbeiter, aber auch Vorgesetzte kaum verändern. Wir können aber darauf achten, was wir für unseren Schutz tun können. Wir können uns fragen: „Wie muss mein Zaun, meine Hecke aussehen, wie muss mein Schutz beschaffen sein, damit diese Personen nicht mehr durch meinen Seelengarten trampeln können?"

Wir müssen akzeptieren, dass es destruktive Menschen gibt, aber lernen, diese aus einer geschützten Distanz zu betrachten. Das ist ein ganz wesentlicher Teil, wenn man unter der Umwelt leidet. Da helfen natürlich Mitgefühl, Verständnis und Trost. Es nützt auch, wenn man einen Schulterschluss mit dem anderen macht, der einem zustimmt und sagt, dass das wirklich ungerecht und tatsächlich eine Schweinerei ist. Den Schutz wird man dadurch jedoch nicht aufbauen. Man wird merken, dass man jemanden hat, der zu mir steht und mich versteht, der meine Meinung teilt. Wenn man dann wieder in das System zurückkehrt, ist man gleich wieder verletzt und gekränkt, weil man nicht gelernt hat, den Schutz aufzubauen. Dieser Aspekt rückt in der Psychotherapie immer mehr in den Vordergrund: „Was kann ich tun, um mich zu schützen, und was kann ich tun, dass ich mich in meiner Haut gut fühle?" Es ist also notwendig, zu reflektieren und zu erkennen, dass die Psyche – und somit die psychische Gesundheit – gestaltet, gesteuert, gehegt und gepflegt werden kann, dass wir also nicht ohnmächtig und willenlos Ereignissen ausgeliefert sind, sondern dass wir, so wie wir auf unseren Körper achten können, auch auf die Psyche achten können und sollen.

Ein wesentlicher Aspekt für psychische Gesundheit ist die Fähigkeit, zwischen innerer und äußerer Bühne, zwischen Innen- und Außenwelt trennen zu können. Die Innenwelt ist ein Garten, für den jeder selbst zuständig sein muss. Der eigene Gärtner sein heißt, sich selbst zu versorgen, sich Schutz und Lob zu geben, aber auch Ansporn zu leisten.

Es gibt Menschen, die auf der inneren Bühne diese Eigenschaften in sich vereinen, die jedoch große Schwierigkeiten bei der Abgrenzung haben, die Autonomie für sich in den Vordergrund zu rücken und den anderen auch auf seine Autonomie zurückzuweisen. Oft sind Grenzüberschreitungen mit Autoritätsverhältnissen verbunden, mit den Beziehungen zu den Eltern, zu Vorgesetzten, zu Behörden. Lassen Sie sich durch Autoritäten nicht verunsichern. Wenn diese grenzüberschreitend sind, müssen Sie sich vor diesen genauso schützen wie vor allen anderen.

Die Innenwelt zu schützen, das Gute hereinzulassen und das Destruktive auszuschließen, gehört zu den wichtigsten Fähigkeiten des Menschen. Gegen Regen schützen wir uns durch Schirme, gegen Hagel durch Dächer und so wie Unwetter zum Leben dazugehören, gehört das Verletzende, das Kränkende, das Zerstörerische zur Welt.

Deutlich sichtbar und spürbar ist auch hier wieder die positive Bedeutung und Wichtigkeit der Aggression. Ein Mensch hat auch die Aufgabe, sich selbst zu versorgen und sich zu verteidigen. Je abwertender, bedrohlicher und aggressiver die Umwelt ist, umso klarer muss er selbst seinen Standpunkt und damit seine

Grenzen wahren. Positiv aggressive Anteile gehören genauso zum Menschen wie liebevolle. Ohne ein gesundes Maß an Aggressivität ist auch die vorher beschriebene Fähigkeit zur Abgrenzung nicht möglich. Aber positive Aggressivität bedeutet mehr als Abgrenzung. Sie ist auch Gestaltungsfähigkeit der Umwelt.

Diese Dinge trainieren wir auch im Biofeedback. Biofeedback heißt die Methode, bei der eine Übungsperson an ein Gerät, einen Computer angeschlossen wird und die vegetativen Funktionen des Körpers, also zum Beispiel die Leitfähigkeit der Haut in Bezug auf Aufgeregtheit, Schwitzen und Ähnliches, gemessen werden. Der Blutdruck, die Herz- und Atemfrequenz, die Hauttemperatur, die muskuläre Verspannung usw. geben Aufschluss über das Ausmaß des Stressniveaus, in dem wir uns befinden. Wenn wir schöne Bilder einstellen, einen schönen Seelengarten, dann werden wir ruhiger, der Blutdruck sinkt, die Herzaktion beruhigt sich. So kann bewiesen werden, dass der reale Schutz, aber auch der nur in der Fantasie bestehende Schutz bereits beruhigend wirkt. Diesen Schutzwall kann man auf die Probe stellen, indem über Bilder, Filme oder Mitteilungen bedrohliche Szenen vorgespiegelt werden, wodurch die vegetativen Funktionen wieder ein hohes Stressniveau signalisieren. Je besser der erlernte Schutzwall, die Schutzhecke, der Zaun funktioniert, umso besser kann sich die Psyche von den unliebsamen Ereignissen schützen und den Stress reduzieren.

Natürlich erfordert auch ein innerer Garten etwas Zeit. Sie müssen ihn täglich neu begehen. Das ist die wahre Kunst: Ständig auch ein wenig im eigenen Garten zu sein, auch wenn es auf der äußeren Bühne turbulent zugeht.

Das Seelenhaus

In der Mitte Ihres Seelengartens steht Ihr Seelenhaus.

Die Seele des Menschen ist so aufgebaut wie ein Haus. So, wie beim Hausbau klar ist, dass selbstverständlich zuerst der Keller, das Fundament gebaut werden und dieser Teil stabil sein muss, um weitere Bauschritte einzuleiten, so ist auch in der menschlichen Seele zu beachten, welche Strukturen in der Basis gefestigt sein müssen, um weitere Schritte vornehmen zu können. Dies ist oft ein wichtiger Fehler im Umgang – durchaus auch im therapeutischen Umgang – mit Menschen, dass versucht wird, das Gebäude im ersten Stock zu beginnen und man sich wundert, wenn der Erfolg ausbleibt.

Das Fundament des Seelenhauses sollte Themen wie Vertrauen, Geborgenheit, Schutz, Wahrgenommensein, Geliebtsein, leistungsunabhängige Liebe oder gute Versorgung in sich vereinen. Ganz unten gehört immer das Gefühl, gespürt, erfasst zu werden, mit anderen verbunden sein zu können, die eigenen Bedürfnisse richtig beantwortet zu bekommen. Es sind urkindliche und urelterliche Rollen, die miteinander korrespondieren. Aber auch frühe Abgrenzungswünsche, die Frühformen der Aggression im positiven Sinn, sollen hier einen gesicherten Platz haben. Das Kind benötigt Schutz, Geborgenheit, Wärme, Grenzen und Versorgung. Die Ureltern werden genau diese Bedürfnisse erfassen und stillen.

Die frühesten Botschaften lauten: „Du bist willkommen, ich freue mich auf dich, ich schütze dich. Ich liebe dich, ohne dass du eine Leistung erbringen musst. Ich sorge für dich, ich wärme dich. Ich nehme dich, deine Bedürfnisse wahr, ohne dass du sprechen kannst. Ich gebe dir auch die Möglichkeit, deine Wut zu zeigen, wenn dir etwas nicht passt oder wenn ich dich nicht verstehe." Es entsteht daraus das Urvertrauen zu anderen Menschen, das Gefühl der frühesten Geborgenheit, der Entspannung, des Loslassenkönnens.

Parallel dazu baut sich das Körperschema auf: Dazu gehört, sich in seinem Körper, in seiner Haut wohl zu fühlen, ferner das Strampeln, Sitzen und Krabbeln, das Jauchzen und Herumwerfen, das Hopper-Reiter-Spielen oder das Verlangen, in die Luft geworfen werden zu wollen, nicht zuletzt die Selbsterfahrung im Krabbeln, später im Gehen und Laufen. Ein gesundes Gefühl zu sich, nämlich zu seiner körperlichen Integrität, ist von entscheidender Bedeutung und muss immer wieder beachtet werden. Deshalb sind Trainings des Körperschemas regelmäßige gewohnte Abläufe, die so sicher machen und stärken. Dazu gehören das Laufen, das Langlaufen und das Schwimmen, auf der psychischen Ebene die Geborgenheit und das Urvertrauen, auf der körperlichen Ebene die Entspannung einerseits und das zunehmende Erkennen der körperlichen Fähigkeiten andererseits.

Wir leben in einer Leistungsgesellschaft, in der die Leistung sehr hoch geschrieben ist. In dem Bereich des Fundaments hat die leistungsabhängige Liebe nichts verloren. Da wird der Mensch wirklich in seiner Unverwechselbarkeit und in seiner Besonderheit geliebt und nicht deswegen, weil er gute Noten hat, oder weil er viel verdient, oder weil er besonders schön aussieht.

Die soziale Ebene ist die nächste Etage in unserem Seelenhaus und bedeutet ein tiefes Verbunden-sein-Können mit dem anderen: das Gefühl, gespürt, erfasst zu werden, die eigenen Bedürfnisse richtig beantwortet zu bekommen und umgekehrt den anderen zu spüren, seine Sehnsucht ausdrücken, das Gegenüber auch zum Versorgen anregen und anleiten zu können. Es ist ja ganz unwahrscheinlich, wie Babys ihre Mütter oder auch Väter zu komplexen Handlungen motivieren können. Dieses Gefühl, den anderen steuern zu können, eine Macht über ihn zu haben, die einem nicht verübelt wird, und gleichzeitig die Grenzen des anderen zu spüren, zu erfahren, wo die Überforderung beginnt und welche Dinge nicht möglich sind.

Die soziale Ebene heißt auch, mit dem anderen richtig umgehen zu können: „Was du nicht willst, dass man dir tu, das füg auch keinem andern zu." Wir müssen lernen, miteinander gut auszukommen, aber genauso, mit den Mitmenschen gerecht und fürsorglich umzugehen. Aber es ist nur zu gut verständlich, dass dies bloß funktionieren kann, wenn wir uns selbst ausreichend geliebt fühlen.

Wenn im Fundament ein Defizit entstanden ist, zum Beispiel im Sinne von schlechten Erfahrungen in der Kindheit, sind diese Kinder gereizter. Sie pflegen einen ganz anderen Umgang mit den anderen, schlagen mehr, sind egoistischer, nehmen Dinge weg und sind einfach schwieriger. In der unteren Etage ist es notwendig, dass eine Nachreifung ermöglicht wird. Eine gute Kindergärtnerin wird das natürlich auch wahrnehmen und dem auch Rechnung tragen.

Und vergessen Sie nicht, es ist nie zu spät. Dieses Nachbauen des Seelenhauses ist immer möglich.

Es gibt glückliche Menschen, die liebevolle Eltern gehabt haben. Es gibt weniger glückliche, die nicht so liebevolle Eltern gehabt haben. Um den Bereich der Selbstbeelterung (vgl. Schiff, Welch) kommen wir alle nicht herum. Wir müssen alle lernen, liebevolle mütterliche und väterliche Instanzen in uns aufzubauen, die uns beschützen und begleiten, uns zur Seite stehen und den Rücken freihalten. Viele Menschen trauern ein Leben lang um ihre Eltern, die verstorben sind, andere bleiben lange Zeit von den Eltern abhängig, suchen bis ins hohe Alter deren Lob, Anerkennung und Liebe zu erheischen. Zu einer gesunden seelischen Entwicklung gehört dazu, dass wir die eigenen liebevollen Elterninstanzen in uns finden, aufbauen und so von den leiblichen Eltern unabhängig werden. Viele Menschen haben diesen Schritt der Selbstbeelterung nicht gemacht und bleiben damit ewig abhängig. Die Unabhängigkeit ist aber notwendig, um den Eltern einerseits verzeihen zu können, wenn sie sich nicht so verhalten haben, wie sich liebevolle Eltern verhalten sollten, und um andererseits für uns selbst gut Sorge tragen zu können, aber auch, dass wir in die Lage kommen können, die Eltern zu versorgen, wenn sie alt und gebrechlich werden.

Die nächste Ebene ist die Leistungsetage. Ohne Leistungsbereitschaft und Leistungsfähigkeit werden wir uns besonders in unserer heutigen Leistungsgesellschaft nicht zurechtfinden. Leistung ist notwendig, Leistung ist wichtig. Leistung erbringen erfordert jedoch immer auch eine gute Beachtung und Pflege der zugrunde liegenden Strukturen. Dies versuche ich immer, den Eltern „schwieriger“ Kinder näherzubringen. Zuerst kommt die Beziehung, dann die Erziehung, dann die Leistung. Damit wird man dem Problem am ehesten gerecht werden können.

Wenn die untere Etage aber schwer gestört ist und die obere Etage der Leistung zu stark forciert wird, beginnt das ganze Haus brüchig zu werden. Diese Phänomene sehen wir oft in den Rehabilitationseinrichtungen. Wenn die untere Etage nicht ausreichend nachgereift ist, dann ist das Erreichen der Leistung kaum möglich, weil die Betroffenen einfach etwas anderes brauchen. Sie brauchen zuerst eben dieses Verbundensein, Verständnis, Liebe und Geborgenheit und fühlen sich gekränkt, wenn sie eine Leistung erbringen müssen. Aber nicht deswegen, weil sie faul sind, sondern weil sie eben ein ganz anderes Bedürfnis haben, das zuerst gestillt sein muss.

Das nächste Stockwerk im Seelenhaus umfasst das Wissen, die Erfahrung, die Zusammenschau und die Erkenntnis. Dieser Bereich zieht sich zwar im Hintergrund auch durch die anderen Etagen, benötigt jedoch ganz klar eine Basis, um Festigkeit zu bekommen.

Das Dach, aber nicht nur das Dach des Seelenhauses bildet die transzendentale Dimension.

Schon Säuglinge vermitteln, dass sie von irgendwo gekommen und auf der Erde gelandet sind. Ganz langsam finden sie sich erst zurecht, und mit gar nicht so viel Einbildungskraft können wir das Unendliche und den Kosmos in ihnen erkennen. Der Jahrmillionenweg beginnt sich auf wahrscheinlich einige wenige Jahrzehnte zu konzentrieren.

Es erscheint mir von großer Wichtigkeit, das Transzendentale viel mehr in unsere Gesellschaft zu integrieren. Die transzendentale Dimension spielt in der psychischen Entwicklung des Menschen eine zentrale Rolle. Kinder glauben an das Christkind, an den Weihnachtsmann, an den Nikolaus, der alle guten und bösen Taten des vergangenen Jahres weiß und in einem großen Buch aufgeschrieben hat. Das Christkind bringt Kinderaugen zum Leuchten in der frohen Erwartung und im Angesicht der Gaben, die es wieder einmal unter den Baum gelegt hat. Der liebe Gott begleitet das Kind durch den Schutzengel und beschützt es. Der liebe Gott ist Gesprächspartner und Helfer in der Not.

Beim Erwachsenen wird die Transzendenz eher der Religion, der Ethik und dem Sinn des Lebens zugeordnet. Wenn wir uns auf die Transzendenz einlassen, fällt es uns wesentlich leichter, sich im Leben zu orientieren. Nebensächlichkeiten verlieren an Bedeutung. Eric Emmanuel Schmitt lässt in seinem Buch „Das Evangelium nach Pilatus“ Claudia, die Frau von Pilatus, sagen: „Ich möchte daran glauben, dass Güte Gewicht hat, dass die Liebe den Sieg über die Vorurteile davontragen muss, dass wir dem Reichtum nicht nachlaufen müssen, dass die Welt einen Sinn hat und wir vor dem Tod keine Angst zu haben brauchen.“ Die Beantwortung dieser Hoffnung liegt in der Transzendenz.

Es schließt sich die Frage an: Was ist unsere Aufgabe hier auf Erden? Wie können wir das Gute vermehren und das Böse eindämmen? Wie gehören die Jahrmillionen, die wir überblicken können, zusammen? Was ist die Aufgabe des Menschen in seiner im Vergleich zu den Jahrmillionen winzig kleinen Lebensspanne, die er hier auf der Welt zur Verfügung hat?

Die Beantwortung dieser Fragen im Sinne einer subjektiven Gewissheit verleiht eine Grundfestigkeit, die zum psychosomatischen Wohlbefinden zentral dazugehört. Die Lösung kann jeder nur in sich selbst finden. Natürlich geben die Religionen einen Anhalt, einen Weg vor, aber die Gewissheit kann nur von innen kommen, wenn der Kontakt zu Gott, zum Kosmos und Höheren, zum Licht, zur Unendlichkeit und Begegnung in einer anderen Dimension gefunden ist.

Bei Patienten, die durch ihre Krankheit lebensbedroht sind, sehen wir immer wieder, wie sie die Krise als Chance nützen, wie sie den transzendentalen Faktor in ihrem Leben erschließen und für sich nutzbar machen. Lebenssinn und Verlauf stehen plötzlich in einem ganz anderen Licht da. So merkwürdig es klingt, erhält die Krankheit einen „Sinn". Selbst Menschen, die an einem Karzinom erkrankt sind und denen mit einiger Gewissheit die stärkere Begrenztheit ihrer Existenz mitgeteilt wird, können in dem Suchen nach der Beantwortung dieser ersten und letzten Fragen eine große Befreiung sowie einen Energieschub empfinden, der es ihnen wieder ermöglicht, mit viel mehr Freude und Dankbarkeit diese Zeit zu leben.

Als Dachetage ist die göttliche Dimension insofern gedacht, als es sich dabei um die Reflexionsbasis handelt. Wenn die anderen Ebenen gut abgesichert und stabil sind, ist es notwendig, die ganze Existenz noch einmal unter der kosmischen, transzendentalen und göttlichen Dimension zu überlegen oder auch zu erfühlen.

Wichtig ist auch, dass Sie Herr oder Herrin im eigenen Seelenhaus sind oder werden. In meiner täglichen Arbeit mache ich die Erfahrung, dass viele Menschen ihr eigenes Seelenhaus nicht beherrschen und die Vorgänge darin nicht lenken, steuern und bestimmen, sondern von anderen Menschen bestimmt werden und sich auch von diesen mehr oder weniger bewusst abhängig machen. Damit meine ich zum einen die Mode- und Schönheitsindustrie, die vorgibt, was man tragen und wie man aussehen muss, zum anderen aber Chefs, Mitarbeiter, Freunde oder Familienmitglieder, die genau wissen, wie man zu sein und was man zu tun hat. Die Fragen, die Sie sich stellen müssen, lauten: Lenke ich mich oder werde ich gelenkt? Bestimme ich mich oder werde ich bestimmt? Und schließlich: Lebe ich oder werde ich gelebt?

In der Politik ist der Anspruch auf Eigentum, Arbeit, Bildung, Datenschutz oder soziale Absicherung festgelegt, den Anspruch auf eine eigenständige und ungestörte Seele, auf seelische Unabhängigkeit und Autonomie müssen wir jedoch erst erheben. Zeitweise drängt sich der Verdacht auf, dass diese Eigenständigkeit und Unabhängigkeit von politischer Seite gar nicht so gerne gefördert werden. Unabhängige Menschen lassen sich nicht fremdbestimmen, manipulieren, gängeln. Es ist wesentlich aufwendiger, mit mündigen Menschen gemeinsam zu einer Lösung zu finden, als Unmündigen die eigene Entscheidung vorzusetzen und relativ sicher zu sein, dass es keinen Widerspruch und keinen Widerstand geben wird.

Die Basis der Demokratie bezieht sich jedoch auf die Eigenständigkeit des Denkens und der Meinung. Dies ist auch in der Menschenrechtscharta der Vereinten Nationen von 1948 festgehalten: „Jeder hat das Recht auf Gedanken-, Gewissens- und Religionsfreiheit; dieses Recht schließt die Freiheit ein (...), seine Religion oder seine Weltanschauung allein oder in Gemeinschaft mit anderen, öffentlich oder privat (...) zu bekennen" (Artikel 18). „Jeder hat das Recht auf Meinungsfreiheit und freie Meinungsäußerung; dieses Recht schließt die Freiheit ein, Meinungen ungehindert anzuhängen sowie über Medien jeder Art und ohne Rücksicht auf Grenzen Informationen und Gedankengut zu suchen, zu empfangen und zu verbreiten" (Artikel 19).

Bestimmen Sie selbst Ihre Entscheidungen und Ihr Leben. Nur dadurch können psychische Gesundheit und Glück entstehen. Herrscher im eigenen Seelenhaus zu sein bedeutet auch, dass Sie Verantwortung für den eigenen Seelengarten und das eigene Seelenhaus übernehmen und auch die Schuldfrage aufgeben: „Wer ist schuld an meinem Unglücklichsein oder wer ist schuld an meinem Glück?" Schuldige lassen sich sehr leicht finden, das bedeutet aber nie die Lösung des Problems (siehe S. 77 f.).

Versuchen Sie auch nicht die Schuld bei sich zu suchen. Nehmen Sie es als eine Tatsache, dass wir alle nicht gelernt haben, das Psychische oder Seelische zu verstehen oder gar zu gestalten. Weder im Kindergarten noch in der Schule, noch (normalerweise) im Rahmen der Berufsausbildung lernen wir über das Wesen der Psyche, der Seele, über Gefühle und den Umgang damit. Nehmen Sie die Seele, den Seelengarten und das Seelenhaus als unbekanntes Land, das es zu entdecken gilt.

Dabei werden Sie erkennen, dass Ihnen vieles vertraut vorkommt, ohne dass Sie sich bisher genauer damit beschäftigt haben. Die Wahrheit steckt in uns, in jedem von uns. Wir müssen sie nur ablesen, wir müssen in uns hineinhorchen, wir müssen mit den Mitmenschen darüber reden, um in Übung zu bleiben. Es ist das Wunder der Psyche, das es zu erfassen gilt und dem wir nachspüren müssen.

Das Wissen um den Aufbau des Seelengartens und des Seelenhauses ist eins. Wissen ist jedoch eindimensional. Wissen und Vergessen sind Geschwister. Damit Sie eine fundierte Sicherheit bekommen, ist es geboten, einige Übungen zur Festigung dieses Wissens und zur Festigung Ihres Seelenhauses zu trainieren. In der heutigen Projektplanung gehört die Nachhaltigkeit zum zentralen Anliegen. Es soll das, was an Projekten umgesetzt wird, eine länger dauernde, nachhaltige Wirkung haben. Nehmen Sie sich Zeit, um die folgenden Übungen der Reihe nach auszuprobieren. Wenn Sie mit Freude erkennen, dass Sie die eine oder andere Übung ohnehin schon praktizieren, ohne dass Sie jemand dazu angeleitet hat, genießen Sie es und gehen zur nächsten Übung. Sie sind damit auf dem richtigen Weg. Diese Übungen sind von der Natur abgeschaut. Wir haben alle diese Programme in uns und sind mithilfe dieser Übungen in der Lage, unsere Ureichung zu verstärken, zu festigen und die in Vergessenheit geratenen Teile wiederzuerwecken und aus dem Dornröschenschlaf wachzuküssen.

Übungen zum Aufbau des Seelenhauses

Diese Übungen sind insofern von großer Wichtigkeit, da Sie in die Lage versetzt werden, das Seelenhaus von Grund auf neu zu festigen. Es ist nicht notwendig, sich auf gute Erfahrungen in der Vergangenheit zu beziehen, sondern es werden angeborene archaische Rollenmuster wiederbelebt und trainiert, die in allen Ebenen des Seelenhauses zu Stabilität und Lebensfreude führen sollen.

Dies hat natürlich nichts mit dem mechanistischen Prinzip zu tun, wie ein Haus gebaut wird, Ziegel auf Ziegel, oder ein Fertigteilhaus, das in noch viel kürzerer Zeit fertiggestellt ist, sondern hier wirkt das Gärtnerprinzip. Die Dinge müssen wachsen, gedeihen, stark werden. Das Erlernen der Grundbegriffe der menschlichen Seele und der erfolgreiche Umgang damit sind wie das Erlernen einer Fremdsprache von den Vokabeln hin zur Grammatik. Mit der Zeit wird man sich leichter zurechtfinden, sie zunehmend sicherer anwenden und sich mit ihrer Hilfe zunehmend besser verständlich machen können. Das Ziel ist durch Texte, Bücher oder Kassetten vorgegeben.

Bis eine Sprache erlernt und gesprochen werden kann, dauert es jedoch viel länger. Haben Sie also Geduld mit sich, erwarten Sie nicht, dass Sie die Übungen sofort beherrschen, und erwarten Sie nicht einmal, dass Sie gleich einen Zugang zu ihnen finden. Setzen Sie sich bitte in Ruhe mit den Übungen auseinander, versuchen Sie zu verstehen, worum es geht und was mit den Übungen gemeint ist. Gehen Sie bitte mit Offenheit an diese Übungen heran und begegnen Sie ihnen nicht sofort mit Ablehnung oder Abwertung. Es sind Übungen, die jedem von Ihnen vertraut sind, es ist nur meist nicht bekannt, dass es sich um Übungen handelt, die auch trainiert werden müssen, um eine positive Entwicklung zu ermöglichen. Wenn Ihnen Teile der Übungen nicht zusagen und Sie auch aus Ihrer inneren Überzeugung heraus eine Abwandlung für zielführender und adäquater erachten oder damit eine bessere Wirkung erzielen können, zögern Sie nicht, diese abgeänderte Form für sich anzuwenden. Die Übungen sollen als Anregung verstanden werden, das Seelenhaus zu gestalten. Und wie auch ein Haus im Prinzip aus einem Keller, einem Erdgeschoss, aus einem ersten Stock oder vielleicht mehreren Etagen und einem Dach besteht, aber die individuelle Ausformung sehr verschieden sein kann, so sollen auch Seelenhäuser verschieden geplant und geformt werden.

Das Wichtigste bei diesen Übungen ist das ganzkörperliche Fühlen. Auf diese Grundhaltung möchte ich besonders hinweisen, da Sie durch die unterschiedlichen Übungen in diesem Buch in die Lage versetzt werden, sich ganzkörperlich wohler zu fühlen. Dies ist der große Unterschied zu den Ansätzen von Carnegie und Joseph Murphy und anderen Vertretern der Schule des positiven Denkens. Richtig angewendet, ist das positive Denken sicher zu empfehlen. Ein Zuwachs an Optimismus, positiver Gestaltungskraft und Zuversicht wird mit Sicherheit vermittelt. Auch gegen positive Botschaften und die Verbesserung der Kommunikation ist nichts einzuwenden, und sich von Angst, Grübelei und unnötiger Aufregung zu befreien, ist nur empfehlenswert. Das positive Denken wirkt sich auch auf die Kommunikation mit den anderen Menschen positiv aus, schließt jedoch zu wenig den Körper, das ganzkörperliche Wohlfühlen, das Bauchhirn und die psychosomatische Intelligenz (siehe dort) ein.

Das positive Denken ist vorwiegend ein intellektueller kognitiver und geistiger Vorgang, der sich im Gehirn physiologisch vorwiegend auf die Großhirnrinde auswirkt, beim ganzkörperlichen Empfinden jedoch auch archaischere Gehirnanteile, das limbische System mit dem Mandelkern (Rüegg 2001) positiv aktiviert werden können, die für das Fühlen zuständig sind. Die Botschaft lautet also nicht: Denke positiv, sondern: Fühle und denke positiv als gesamtkörperlicher Vorgang. Damit wird nicht nur den Erkenntnissen der Psychotherapie – sowohl der Psychoanalyse, der Psychodramatherapie als auch der Verhaltenstherapie –, sondern auch den neuen Erkenntnissen aus der Hirnforschung Rechnung getragen. Die meisten Prozesse laufen unbewusst ab und beeinflussen so das Verhalten, das vegetative Nervensystem und über diesen Weg die Organfunktionen. Genau diese unbewussten Prozesse gilt es zu gestalten, positiv zu verändern – durch Botschaften, die zum Teil direkt an das Organ gerichtet sind.

Mithilfe der Intermediärobjekte, die ich Ihnen vorstellen werde, sei es der Polster, die Decke, das Bett, das Wasser oder die Sonne, ist es möglich, positive Umwelten zu benützen, ein ganzkörperliches Wohlbefinden zu erzeugen, wodurch die Gefahr geringer wird, dass man geneigt ist, das Positive zu verwerfen. Viele Menschen empfinden eine Abwehr und eine Abscheu gegenüber der Botschaft: Denke positiv, weil sie zu Recht empfinden, dass es nichts Positives zu denken gibt. Im Besinnen auf die Ureichung des Menschen und die Besinnung auf Urkategorien wie Wärme, Schutz und Geborgenheit, die man sich nicht selbst vermitteln muss, sondern die über Hilfsmittel wie Decke oder Polster vermittelt werden, ist es etwas leichter, auf einen grünen Zweig zu kommen.

Das Schöne an diesem Konzept ist, dass man sich nach Herzenslust verwöhnen kann und dass man absolut unabhängig von der Zuwendung von anderen ist. Die Zeiten der Kindheit sind vorbei, das innere Kind braucht jedoch weiterhin Geborgenheit, Schutz und Zuwendung, die es im Erwachsenenalter von niemandem in ausreichendem Maß bekommen wird. Niemand – kein Partner, kein Freund und auch kein Psychotherapeut – wird in der Lage sein, diese Szene suffizient zu ersetzen. Es ist ein ganzkörperliches Erfühlen, das notwendig ist, um sich in seiner Haut wohl zu fühlen und glücklich zu sein.

Das Fundament, der Keller, die Basis

Das Fundament des Seelenhauses sollte Themen wie Ruhe, Geborgenheit, Schutz, Wahrgenommensein, Geliebtsein, leistungsunabhängige Liebe, gute Versorgung, aber auch die Betonung der Grenze durchaus als Ausdruck der frühen positiven Aggression in sich vereinen. In der Basis, im Keller, im Fundament sind also sowohl urkindliche als auch urelterliche Rollen aktiv. Das Kind benötigt Schutz, Geborgenheit, Wärme, Grenzen und Versorgung und die Ureltern werden genau diese Bedürfnisse erfassen und stillen.

Gerade dieses Versorgen und Versorgtwerden funktioniert in Zeiten von psychosomatischen Krisen nicht. Schlafstörungen, Depressionen, Ängste, Schwächegefühl, Verzweiflung können die Folge sein. Ich schlage Ihnen folgende Übung vor:

Die Kuschelübung

Diese Übung nützt eine Zeit, mit der wir tagtäglich konfrontiert sind. Jeder Mensch muss schlafen. Zum Schlafen gehen wir normalerweise ins Bett und dieses Bett enthält nun Symbole, die Urkraft spenden können.

Die meisten Menschen können ihr Bett noch als Rückzugsmöglichkeit akzeptieren. Wenn die Welt schon angsteinflößend, überfordernd, bedrohlich ist, so ist doch immerhin das Bett ein Ort, an dem man sich verstecken, die Decke über den Kopf ziehen und im Rückzug verharren kann.

Jedes Bett besteht aus 3 Urelementen:

- dem *Bett* als Träger (eher mit väterlichen Botschaften verbunden)
- dem *Polster* als Beschützer des Kopfes (eher mit mütterlichen Botschaften verbunden)
- der *Decke* als beschützende und wärmende Instanz des Körpers

Probieren Sie folgende Übung:

Sie legen sich in das Bett und versuchen, zu den genannten drei Urelementen Kontakt aufzunehmen. Sie spüren das Bett unter sich: stabil, tragend, verlässlich. Es ist vorhanden, wenn Sie einschlafen, und es ist vorhanden, wenn Sie aufwachen. Es ist auch vorhanden, wenn Sie in der Nacht vorübergehend wach werden. Es sollen eher väterliche Urbotschaften sein, die Sie empfinden und wahrnehmen.

Betonen und erfühlen Sie jedoch auch die Grenze, die Berührungspunkte zwischen sich und dem Bett. Zuerst fühlt es sich vielleicht hart und kalt an, um dann mit der Zeit wärmer und vertrauter zu werden. Es trägt Sie nun, gibt Ihnen Kraft und Stabilität, Sie müssen sich diese nur über die Grenze hinweg holen. So können Sie die Kraft und Stabilität richtig ansaugen.

Nehmen Sie Kontakt zu Ihrem Kopfpolster auf. Der Kopfpolster ist weich, er stützt Ihren Kopf, wärmt die Wange, bietet Geborgenheit, ist willig, lässt sich verformen, nach dieser und jener Seite stopfen, ein zweiter Polster bietet sich vielleicht zum Kuscheln an. Auch hier ist es wichtig, die Grenze zu betonen. Ihre Wange ist in den ersten Sekunden, nachdem Sie Ihren Kopf hineingelegt haben, wärmer als der Polster. Er ist kühl und Sie spüren ihn. Erst nach einer gewissen Zeit wird er wärmer und Sie können jetzt die ausstrahlende Wärme genießen.

Nehmen Sie Kontakt zur Decke auf. Die Decke gibt Schutz und Geborgenheit, sie wärmt bedingungslos. Sie stellt keine Anforderungen, sie ist einfach da. Sie tröstet und beruhigt. Kuscheln Sie sich hinein. Spüren Sie das Nest, spüren Sie die Wärme und saugen Sie alles in sich auf.

Notwendig ist, dass Sie sich **nicht** in das Bett hineinfallen lassen, weil Sie dadurch eher Ihre Energie verlieren. Sie sollen sich auf **sich** konzentrieren, auf Ihren Kern und auf Ihre Haut.

Die Haut soll die Urelemente rund um sich spüren, wahrnehmen: das Bett, den Kopfposter, die Decke. Achten Sie bitte auf den Energiefluss. Er soll nicht von Ihnen in das Bett hineinsacken, sondern Sie sollen die positive Energie aus dem Bett, aus dem Polster und aus der Decke ansaugen. Mit einiger Übung werden Sie das Gefühl von Wärme, Geborgenheit und Sättigung in sich spüren und auch wesentlich entspannter einschlafen können.

Gefühle von Verzweiflung, Trauer, Depression und Schlaflosigkeit können mit dieser Übung in guter Weise gelindert werden. Seien Sie bitte geduldig zu sich, denn so einfach die Übung klingen mag, weil ja ohnehin jeder jeden Tag in seinem Bett mit Polster und Decke schläft, so erlernenswürdig ist es, den Dialog mit dem Du zu lernen und über das Spüren zu Energie und Kraft zu kommen.

Wenn Sie geübt sind und sich wirklich gut im Bett wohl fühlen können (am besten liegen Sie normalerweise auf der Seite mit angezogenen Beinen, also richtig hineingekuschelt), so versuchen Sie den zweiten Teil dieser Übung. Der erste Teil verstärkt die kindlichen Rollen. Das Kind in Ihnen soll sich geborgen, behütet, gewärmt, beschützt, verstanden, aufgehoben fühlen. Es soll aus diesem Gefühl heraus Lebensfreude und Lebensmut, Neugier und Aufgeschlossenheit entwickeln.

Der zweite Teil der Übung stärkt nun die elterlichen Anteile in Ihnen. Versuchen Sie sich in das Bett hineinzudenken, und wenn Sie sich nicht zu komisch vorkommen, dann knien Sie sich neben das Bett und sprechen Sie die Urbotschaften, die das Bett dem Kind vermittelt: „Ich trage dich, ich halte dich, ich bin für dich da. Ich trage dich gerne, du bist mir nicht zu schwer. Ich bin verlässlich, ich bin auch morgen noch da, wenn du aufwachst. Mir ist wichtig, dass es dir gut geht und dass du gut schlafen, dich entspannen, neue Kraft gewinnen kannst und schön träumst. Ich bin stabil und stark …“

Es sind eher väterliche Urbotschaften, die jeder von uns tief im Inneren seiner Seele braucht, um gesichert leben zu können.

Wenden Sie sich nun bitte dem Polster zu. Der Polster spricht: „Schlafe ruhig, bei mir kannst du dich entspannen. Ich achte auf dich, ich bin nur für dich da, du bist mir wichtig. Ich wärme deine Wange, ich schenke dir schöne Träume. Ich gebe dir Geborgenheit, ohne etwas von dir zu fordern, du kannst dich bei mir hineinkuscheln und deine Sorgen vergessen. Ich möchte, dass du dich gut erholst, Kraft gewinnst und gut schlafen kannst. Ich gebe dir Schutz und Geborgenheit." Der Kopfpolster ist wie ein Schoß, konzentrieren Sie sich auf die Botschaften dieses mütterlichen Symbols.

Trost und Zuspruch sind unerlässlich, besonders in Zeiten psychischer Krisen. Aber nicht nur dann. Jeder sollte diese Möglichkeit in sich tragen und diesen Dialog mit sich selbst beherrschen.

Wenden Sie sich jetzt bitte der Decke zu. In der Psychodramatherapie – einer Psychotherapieform – werden Sie jetzt eingeladen, einen Rollenwechsel zu machen. Sie sind jetzt die Decke und sprechen: „Ich schütze dich, ich wärme dich, ich mache es dir gemütlich, ich gebe dir Kraft und Geborgenheit."

Wie wichtig diese Funktion der Decke ist, merken Sie spätestens dann, wenn Sie sich ohne Decke auf das Bett legen. Sie werden sehen, um wie viel ungeschützter und kälter nicht nur das körperliche, sondern auch das seelische Gefühl ist.

Interessant ist auch die sprachliche Formulierung. Mit einer Decke sagen wir: „Ich gehe **in** das Bett" und drücken damit schon aus, dass das Bett eine Höhle, ein Schutzraum, ein Nest sein muss. Ohne Decke sagen wir: „Ich lege mich **auf** das Bett" und zeigen auch damit, dass etwas Wesentliches fehlt.

Diese Übung ist die Basisübung des Seelenhauses. Sie signalisiert nicht nur Schutz, Geborgenheit und Wärme, sondern auch Angenommensein, die prinzipielle Akzeptanz und eine Bestätigung, dass die Tatsache der Existenz in Ordnung ist. Dies ist nämlich gar nicht so selbstverständlich. Viele Menschen tragen in sich die prinzipielle Unsicherheit, ob sie überhaupt existieren dürfen. Bei ihnen konnte sich nie die Gewissheit festigen, dass ihr Leben gewollt, erwünscht ist und mit Freude begleitet wird.

Ist diese Ungewissheit zu groß, bedarf es wieder einer Unterstützung von außen, einer psychotherapeutischen Hilfe. Diese

Übungen können jedoch helfen, prinzipiell vorhandene Urgefühle zu verstärken und damit zum eigenen Wohlbefinden nützlich zu sein.

Sie müssen nicht mehr so versagend sein, wie Sie vielleicht Ihre frühen Begegnungen mit Ihrer Mutter oder Ihrem Vater in Erinnerung haben und wie Sie jetzt vielleicht erkennen können, wie streng und wenig versorgend Sie bislang selbst mit sich umgegangen sind.

Von besonderer Wichtigkeit ist auch hier, dass Sie das Gärtnerprinzip beachten. Das Erlernen dieser Übungen funktioniert nicht nach dem mechanistischen Prinzip. Die Durchführung der Übungen bedeutet noch nicht automatisch, dass sich auch die Gefühle einstellen. Oft ist monatelanges Lernen notwendig, das in drei Phasen abläuft.

Die erste Phase ist das Erlernen, sich selbst, sich in seiner Haut zu spüren, seinen Kern und die Berührung zu Bett, Decke und Polster zu empfinden und das Gefühl zu bekommen, dass man Energie ansaugt und sich wohl fühlt. Die zweite Phase besteht darin, dass Sie die Botschaften von Bett, Decke und Polster hören, um mit den Urbotschaften wie Vertrauen-Können, Sicherheit, Wahrgenommensein, Wichtigkeit, Schutz und Geborgenheit angereichert zu werden. In diesen ersten beiden Phasen der Übung werden die sehnsüchtigen defizitären Rollen befriedigt. Die dritte Phase der Übung stärkt die inneren versorgenden, schützenden und fürsorglichen Anteile.

Menschen, die negative Erfahrungen mit ihren Eltern gemacht haben, geraten oft in Konflikt mit diesen Erlebnissen. Versuchen Sie bitte, so gut es geht, die Eltern zu entschuldigen. Das Leben kennt viele verschiedene Arten von Müttern und Vätern. Sie können überfordert, gereizt, depressiv, alkoholkrank sein und diese Eltern können Ihnen vielleicht tatsächlich das bisherige Leben zur Hölle gemacht haben. Jeder Mensch braucht jedoch liebevolle Elterninstanzen in sich, und aufgrund der Ureichung haben Sie diese Instanzen von Geburt an als festes Programm in sich selbst gespeichert. Die Entscheidung liegt also darin, ob wir (vielleicht für immer) an diesen negativen Erfahrungen festhalten, sie ständig wiederholen, oder ob es uns gelingt, die Schwächen der Eltern als Spielformen der Natur zu sehen und uns viel stärker auf unsere eigenen liebevollen elterlichen Urinstanzen beziehen können.

Ich habe im Laufe meiner beruflichen Erfahrung viele Menschen erlebt, die, obwohl ihre Eltern sehr krank, oft grausam, unerbittlich und ungerecht waren, sich davon distanzieren konnten und zu dem Entschluss gekommen sind: So wie mein Vater zu mir war, möchte ich nie zu meinen Kindern sein. Oft ist es jedoch leichter, zu seinen Kindern ein liebevoller Vater oder eine liebevolle Mutter zu sein, als zu lernen, für sich selbst ebenfalls ein liebevoller Vater und eine liebevolle Mutter zu werden. Dazu soll Ihnen diese Übung nützlich sein, damit Sie die negativen Botschaften, die Sie in sich gespeichert haben („Das wirst du nie lernen", „Du bist zu ungeschickt", „Wie komme ich nur zu so einem Sohn?" usw.), vergessen, sich davon distanzieren und als Programm löschen.

Die Begegnung mit sich selbst

Die nächste Etage Ihres Seelenhauses ist die Begegnung mit sich selbst.

Jeder Mensch redet mit sich selbst. Das wird Ihnen vielleicht abwegig vorkommen, ist jedoch eine Tatsache. Besonders in Stresssituationen, wenn man etwas falsch gemacht hat und selbst unzufrieden ist, dringt das normalerweise unbewusst ablaufende Gespräch an die Oberfläche, und zwar meist in Form von Selbstvorwürfen oder Beschimpfungen: „Was hast du denn da schon wieder gemacht, bist du blöd", „Das hast du nötig gehabt, was bist du doch für ein Idiot!", „Hättest du das nicht besser machen können?", Wer hat dir das angeschafft?" etc.

Versuchen Sie bewusst, sich selbst positive Botschaften zu vermitteln. Wenn Sie bei Rot vor der Kreuzung stehen, nützen Sie die Zeit und beruhigen Sie sich selbst. Bemühen Sie sich zu sagen, dass die positiven Botschaften in der Überzahl sind. Loben Sie sich, wenn Sie Dinge gut gemacht haben und mit sich selbst zufrieden sind. Gestehen Sie sich Anerkennung und Liebe zu, zeigen Sie, dass Sie sich über sich selbst freuen. Nur so sind innere Heiterkeit, Fröhlichkeit, Zufriedenheit und Gesundheit erreichbar.

Die Übung mit dem Spiegel

Wenn wir uns selbst im Spiegel erblicken, sehen wir üblicherweise reflexartig sofort das, was uns nicht gefällt: die Falten, die Ringe unter den Augen, die weißen Haare, die Pickel, das Doppelkinn, die Glatze. Auch hier lässt sich die Aufzählung aller Unzulänglichkeiten beliebig lang fortsetzen. Was wir nicht sehen, ist das Gesicht eines Menschen, den wir lieben. Wir sehen uns nicht mit den Augen des besten Freundes oder der besten Freundin, wir sehen nicht, was an uns anziehend, was liebenswert ist. Wir weichen diesem Aspekt unwillkürlich aus – so, als ob es etwas Verbotenes wäre. Angst vor dem Glück?

Zum Glücklichsein gehört Liebe. Zur Liebe gehört Selbstliebe. „Liebe deinen Nächsten wie dich selbst." Dieser christliche Grundsatz beinhaltet bei genauerer Überlegung auch die Selbstliebe. Beides ist also notwendig. Den anderen schätzen lernen, ihm helfen, zuvorkommend, unterstützend und akzeptierend sein: Wenn Sie das gelernt haben, ist jedoch nur die Hälfte der Botschaft erreicht. Es ist auch nötig, dasselbe Recht sich selbst zukommen zu lassen. Akzeptieren Sie daher nicht nur den anderen, sondern auch sich selbst. Bringen Sie jene Wertschätzung und liebevolle Haltung, die Sie Ihren Mitmenschen zeigen, sich selbst entgegen. Verwöhnen Sie sich, wie Sie andere umsorgen.

Die Selbstliebe ist ein so fundamentales Thema, welches unser tägliches Tun und Fühlen, Denken und Wollen so sehr bestimmt, dass eigentlich nicht genug darüber gesagt werden kann. Außerdem fehlt mir in gewisser Weise die alltägliche Diskussion darüber. Wir debattieren zwar über Kultur, Theater, Literatur, Musik, über Politik, die Wirtschaftslage, auch über seelische Probleme, aber das Thema der Selbstliebe ist in gewisser Weise zu heiß und auch tabuisiert.

Dies hängt vielleicht mit unserer christlichen Religion zusammen. Christus ist am Kreuz für uns gestorben. Wo bleibt da die Selbstliebe? Er hat sich für uns geopfert, er hat uns erlöst. Müssen wir da nicht ein schlechtes Gewissen bekommen, weil wir uns selbst lieben sollen, dürfen, ja sogar müssen? Dabei ist dieses Opfer am Kreuz in Zusammenhang mit der Erlösung von der Erbsünde zu sehen und ein Teil dieser Erbsünde ist die Unfähigkeit, sich selbst lieben zu können.

In der Krise lernen wir den biblischen Satz: „Liebe deinen Nächsten wie dich selbst" im Sinne der psychotherapeutischen Korrektur anders zu deuten. Es steht darin: „Du sollst dich selbst genau so lieben wie den anderen." Es steht nicht: „Opfere dich auf", es heißt nicht: „Gib alles her." Dies ist eine Märchenphilosophie, die uns vielleicht berührt und unter Umständen auch anspornt. Trotzdem haben wir die Aufgabe, auf uns selbst zu achten, uns selbst zu schützen und für unsere Sicherheit zu sorgen. Wir sind für unsere Wärme, unser Wohlergehen und Selbstvertrauen, für unsere innere Melodie, für Harmonie und Liebesfähigkeit, aber ebenso für unsere körperliche wie seelische Beweglichkeit, für unsere Gesundheit, Selbstachtung und unser Selbstvertrauen ganz wesentlich selbst verantwortlich.

Verliert man sich selbst aus den Augen, so hat man auch die Selbstliebe verloren. Dann ist es höchste Zeit, etwas zu tun – sich wiederzufinden. Vielleicht gelingt das mit der Hilfe eines Fachmannes, möglicherweise auch nur, indem man selbst innehält und sich seiner wieder bewusst wird: seiner Position, seines Wollens, aber auch seiner Verluste und Sehnsüchte.

Sich selbst wieder zu spüren, seiner eigenen Lebensmelodie nachzulauschen, wie LeShan es genannt hat, sich selbst zu erkennen und zu benennen sowie die Liebe zu sich selbst wiederfinden zu können: Dies ist nicht leicht und fordert manchmal auch eine Unterstützung durch einen Psychotherapeuten.

LeShan hat auch das Bild vom Mechaniker und Gärtner geprägt. Viele Menschen sind vom mechanistischen Weltbild beeinflusst. Alles ist machbar, operierbar, umsetzbar, gestaltbar. Dieses mechanistische Prinzip ist auch ein sehr wichtiges, es muss nur durch das Gärtnerprinzip ergänzt werden. Das wahrhaft Heilende liegt in der Natur. Eine Schnittverletzung heilt zu, jedoch nicht durch die Nähte, die eventuell der Unfallchirurg gesetzt hat, sondern durch ein höchst kompliziertes Zusammenspiel von Vorgängen im Körper, die bewirken, dass die Wundränder erneut zusammenwachsen, wieder Gefäße aufgebaut werden und auch die Haut sich wieder schließt. Ein wesentlich größerer Anteil im Körper wird durch die Natur gesteuert. Der Mediziner, der Psychologe oder der Psychotherapeut kann Bedingungen schaffen, in denen die Heilung besser vor sich geht. Darin besteht das Gärtnerprinzip: zu erarbeiten, wie die Bedingungen sein müssen, dass der Mensch wieder zu Saft, zu Kraft, zu Lebensfreude und zum Blühen gelangt.

Es ist notwendig, sich selbst zu lieben, damit Autonomie entstehen kann. Wenn man Herr oder Herrin im eigenen Seelenhaus sein will, verhält es sich so wie in einer Firma: Man kann nicht den Hauptanteil an jemand anderen abgeben, denn dann verliert man das Entscheidungsrecht. Wenn ich unbedingt zu 80 Prozent von den anderen geliebt werden möchte, dann kann das nur früher oder später schiefgehen. Ohne Selbstliebe wird sogar der am meisten liebende Mensch an uns verzweifeln. Selbstliebe darf also nicht verboten sein, sondern sie muss gefordert werden. Wer sich nicht selbst liebt, wird die anderen dazu gebrauchen (missbrauchen), um zu beweisen, dass er liebenswert ist. Sonst rücken Botschaften wie: „Ich weiß nicht, was du an mir findest“ oder: „Sag, dass du mich liebst!“ in den Vordergrund und stellen die Beziehung auf eine harte Probe.

Ich möchte natürlich nicht den Egoisten und den narzisstischen Menschen das Wort reden. Nicht der, der nur sein eigenes Wohlergehen kennt, oder jener, der signalisiert: „Seht her, ich bin der ‚Tollste, Schönste und Größte!‘“, ist damit gemeint, sondern ein gesundes Maß an natürlicher Selbstliebe, an Selbstachtung und Wertschätzung, wie es für eine glückliche Beziehung zu einem anderen Menschen unverzichtbar ist. Warum hat Selbstliebe so etwas Anrüchiges, Verbotenes, Anmaßendes an sich? Auch hier verbirgt sich eine verbotene Botschaft: Glücklich dürfen wir nicht selbst sein, sondern glücklich müssen wir uns machen lassen. Für Liebe ist jemand anderer zuständig und nicht wir selbst. Dabei sehen wir die Auswirkungen der mangelnden Selbstliebe auf Schritt und Tritt. Das Mauerblümchen wird deswegen nicht begehrt, weil es ihm an Selbstliebe, an Selbstvertrauen und Selbstsicherheit mangelt, genauso wie dem schüchternen, gehemmten und introvertierten Mann.

Oft sehe ich Menschen, die objektiv gesehen nicht schön sind. Ich denke an ganz gewöhnliche Menschen, deren Gesichter manchmal Ähnlichkeiten mit Tieren haben, mit einer Bulldogge, einem Kranich, einem Schwein oder einem Affen. Für all diese Menschen gilt die Übung mit dem Spiegel gleichfalls wie für uns alle. Ein Freund von mir hat ein Gesicht, das auf Anhieb an einen Affen erinnert. Er ist einer der sympathischsten, humorvollsten, gescheitesten und begegnendsten Menschen, die ich kenne. Er ist beliebt, anerkannt und seine Gesellschaft ist gesucht. Er fühlt sich in seiner Haut wohl. Ihm ist das gelungen, was wir durch die Übung mit dem Spiegel erreichen wollen: eine Begegnung, eine Akzeptanz und eine Freude mit sich selbst.

Kommen wir zurück zur Spiegelübung: Wenn Sie in den Spiegel sehen, versuchen Sie also, sich mit den Augen Ihres besten Freundes oder Ihrer besten Freundin zu betrachten. Versuchen Sie Wärme und Sympathie in Ihren eigenen Augen zu finden. Versuchen Sie sich selbst in Ihrer positiven Ausstrahlung wahrzunehmen und verlieren Sie sich nicht in den negativen Einzelheiten. Bemühen Sie sich mit sich selbst in einen positiven Dialog zu kommen, dass Sie sich selbst als Mensch wahrnehmen, dass Sie sich freundlich zulächeln können und sich freuen, wenn Sie sich im Spiegel erblicken. Dazu ist der Augenkontakt von größter Wichtigkeit. Sie sollen, wenn Sie sich selbst in die Augen blicken, Sympathie, Wärme und Zufriedenheit empfinden können.

Häufig werden Sie bemerken, dass das nicht so einfach ist. Es ist konsequentes Üben notwendig, da wir diese Aufgaben nie gelernt haben.

Hier spielt außerdem eine andere Form von Liebe eine Rolle, zu der Sie durch diese Übung wieder Zugang finden sollten: die leistungsunabhängige Liebe. Ein Mensch nach der Geburt, im Säuglingsalter aktiviert diese Form leistungsunabhängiger Liebe bei den ihn umgebenden Menschen. Hier zählen nicht Schönheit, Intelligenz und anständiges Benehmen. Hier kommt dieses Phänomen zum Tragen, zu dem man sehr bewusst wieder Zugang finden muss. Ein Kleinstkind kann objektiv gesehen verrunzelt, vielleicht nach der Geburt noch blutverschmiert, wirklich nicht schön sein. Trotzdem entstehen Liebe, Begeisterung, der innige Wunsch, Kontakt mit dem kleinen Wesen herzustellen, es zu nehmen, zu halten und zu liebkosen. Auch dies ist ein Phänomen, wofür wir der Schöpfung sehr dankbar sein können. Und das ist das, was das Kind braucht. Aber gleichzeitig ist es auch das, was wir selber, was wir alle brauchen, nämlich die Begeisterung für uns, weil wir so sind, wie wir sind. Mit unseren Falten, mit unseren weißen Haaren, mit all den Schwächen und vielleicht auch Stärken. Das ist das Urmenschliche, mit dem wir auf die Welt kommen, das Unverwechselbare, das jeden von uns ausmacht. Jeder ist anders, jeder ist unverwechselbar anders.

Die leistungsunabhängige Liebe entspricht ebenfalls einem Urbedürfnis des Menschen. Er will nicht nur wegen des vielen Geldes, des großen Autos, des beruflichen Erfolges geliebt sein, sondern er will auch geliebt sein in der faszinierenden Unverwechselbarkeit des einzelnen Menschen mit seinen Eigenschaften, Stärken und Schwächen, seinem Charakter und seinem Aussehen.

Wir sind in unserer Leistungsgesellschaft sehr darauf trainiert und dressiert, dass wir hauptsächlich geliebt werden, wenn wir genug leisten. Der Leistungswettlauf beginnt schon relativ früh. Die Mütter vergleichen ihre Kinder und sagen: „Meines kann das Kopferl schon halten, deines? Und meines dreht sich schon um, meines steht schon frei und meines ist schon sauber." Und wenn man beim ersten Geburtstag nicht schon frei um den Tisch laufen kann, dann könnte bereits eine gewisse Behinderung dahinterstecken. Die Leistungsbeurteilung setzt relativ früh ein, diese Tendenz haben wir alle in uns und das ist auch nicht prinzipiell schlecht. Problematisch kann es werden, wenn sie zu sehr in den Vordergrund tritt, weil die Seele die leistungsunabhängige Liebe braucht. Wenn die leistungsabhängige Liebe zu stark in den Vordergrund tritt, ist die Seele gekränkt. Der Mensch wird traurig, zieht sich zurück, wird unglücklich, fühlt sich nicht wohl.

Um den wesentlichen Hintergrund dieser notwendigen Forderung beleuchten zu können, erzähle ich Ihnen eine Geschichte. Ein 50-jähriger erfolgreicher Mann hat einen Herzinfarkt erlitten. Sein prinzipielles Beschäftigen ging nicht in die Richtung, wieder gesund zu werden, sich zu erholen, den Körper über längere Zeit zu schonen, dem Herz die Möglichkeit zu geben, zu genesen und völlig auszuheilen, sondern er wurde über Wochen von dem Gedanken gequält, jetzt keine Leistung erbringen zu können, ein unnützer Krüppel zu werden, eine Belastung für die Familie und die Gesellschaft darzustellen. Es ist also notwendig, den prinzipiellen Selbstwert in sich zu tragen, um nach Entgleisungen und Krisen wieder zu sich, zu seinem Kern, zu seinen Wünschen zurückzufinden. Hier schließt sich der Kreis wieder zu den schon oben angeführten Themen.

Der Patient mit dem Herzinfarkt steht jedoch für viele. Wenn man in der Psychosomatik tätig ist, stößt man auf Schritt und Tritt auf das Phänomen. Patienten mit Asthma bronchiale, mit Neurodermitis, mit chronisch entzündlichen Darmerkrankungen werden von der Vorstellung begleitet: „Wie viel bin ich selbst wert – ich als ich –, und wie viel bin ich erst durch meine Leistung, die ich erbracht habe, die ich erbringe und die ich erbringen werde, wert?" Gelingt es im Rahmen einer chronischen Erkrankung nicht, den Bereich der primären leistungsunabhängigen Liebe zu steigern, so ist der Leistungsteil überfordernd, er wirkt kränkend und weiter krankmachend auf den Betroffenen.

Das Wiedererlernen des Phänomens der „leistungsunabhängigen Liebe" kann für die Heilung und für das Wohlbefinden gar nicht hoch genug eingeschätzt werden. Dies betone ich deshalb nochmals, da ich den Kampf zwischen den Mächten in betroffenen Personen immer wieder beobachten kann und auch immer wieder die verächtliche Abwendung von diesem „Kindergewäsch" erlebe.

Immer wieder wird es deutlich, dass die Begegnung mit sich selbst erst gelernt werden muss. Es ist eine Fähigkeit, die wir normalerweise zumindest bewusst nicht anerzogen bekommen. Üblicherweise spürt man sich zwar selbst, bekommt im Laufe des Lebens ein Bild von sich selbst, zieht Rückschlüsse aus den Reaktionen der anderen, wie man selbst ist, wie man ankommt und wie man gemocht wird. Eine bewusste Begegnung mit sich selbst findet jedoch nicht statt.

Dabei ist gerade jener Teil von immenser Bedeutung. Die Zuwendung zu anderen Menschen, das Bezogensein, das Ziehen der Rückschlüsse heißt, beziehungsfähig zu sein. Ohne Begegnung mit sich selbst bedeutet es jedoch auch, abhängig zu sein, weil die Fremdbeurteilung höher eingestuft wird als die Selbstbeurteilung, der Fremdtrost höher als der Selbsttrost und letztlich die Fremdliebe höher als die Selbstliebe. Liebesfähigkeit und Begegnungsfähigkeit sollten jedoch eine Ausgewogenheit in den Bereichen von Abhängigkeit und Unabhängigkeit aufweisen.

Dies sollte einen wesentlichen Aspekt dieser Übungen ausmachen, der automatisch zum Tragen kommt, wenn Sie diese trainieren. Die positiven inneren Botschaften zu stärken, bedeutet einen Gewinn von Autonomie. Das heißt, dass Sie selbst „rund" werden und nicht ständig auf der Suche nach Ihrer zweiten Hälfte sein müssen. Es bedeutet aber auch, von den negativen elterlichen Botschaften unabhängig werden zu können und zu den angeborenen, von der Schöpfung direkt zur Verfügung gestellten urelterlichen Botschaften hinzufinden. Jedes Kind kann schon sehr fürsorglich, liebevoll und zärtlich sein. Dies äußert sich vielleicht im Bezug auf die kleine Schwester, eventuell beim Umgang mit der kleinen Katze. Diese elterlichen Instinkte und Gefühle sind angeboren. Die Realität ist allerdings, dass Mütter und Väter ihre Grenzen, ihre Schwierigkeiten und Nöte haben und damit der liebevolle Umgang, nach dem Kinder sich sehnen, oft nicht umgesetzt werden kann. Darum müssen wir positiv üben.

Die Schoßplatzübung

Jeder Mensch braucht im Leben immer wieder einen Schoßplatz. Wenn die Dinge des Lebens zu hart, zu fordernd, zu ungerecht, zu bedrohlich werden, entsteht die Sehnsucht, in den Arm genommen, getröstet und gestreichelt zu werden, das Verlagen, Schutz und Geborgenheit zu empfinden. Wie wichtig dieses Gefühl ist, hat bereits Anna Freud, die bedeutende Psychoanalytikerin und Tochter von Sigmund Freud, mit ihren Studien über Kinder im Zweiten Weltkrieg gezeigt. Jene Kinder, die beim Angriff der deutschen Bomber auf London bei ihren Müttern geblieben und mit diesen gemeinsam in den Luftschutzkeller geflohen waren, um sich vor den zerstörerischen, lebensbedrohlichen Bomben in Sicherheit zu bringen, überstanden den Krieg besser als jene Kinder, die von der Mutter getrennt aufs Land geschickt wurden und damit fern von den lebensbedrohlichen Bomben waren. Der Vergleich mit dieser Studie hinkt natürlich, aber ich möchte einen Aspekt deutlich herausstreichen: Das Gefühl des Schutzes und der Geborgenheit in der Nähe der Mutter überstrahlt die lebensgefährliche Situation durch die Bomben.

Um dieses Phänomen in unserer Übung nützen zu können, nehmen Sie bitte einen großen Polster, den Sie sich auf den Schoß setzen. Umarmen Sie diesen, geben Sie ihm Ihren eigenen Vornamen und sprechen Sie zu ihm: „Ich schütze dich, ich streichle dich, ich tröste dich, ich wiege dich." Nehmen Sie den Polster fest in die Arme, drücken Sie ihn und herzen Sie ihn, bis das Gefühl von Verbundenheit und Liebe entsteht.

Diese Übung ist eine ideale Übung für Menschen, die mit Ängsten zu kämpfen haben. Angst lässt sich am besten mit Empfindungen eindämmen, die in der Lage sind, diese Angst durch Schutz, Geborgenheit, Mut, Zuwendung, Gehaltensein, Streicheln oder beruhigendes Zureden zu löschen. Angst ist ein Phänomen, das den Menschen ein Leben lang begleitet: Angst vor dem Alleingelassenwerden, Angst vor dem Unbekannten, Angst vor dem Versagen, Angst vor der Verantwortung, Angst vor der Krankheit, Angst vor dem Alter, Angst vor dem Tod. So ist dieses Buch auch als ein Buch gegen die Angst geschrieben. Die vielen Übungen helfen Ihnen, Zugang zu solchen Rollen zu bekommen, die die Angst lindern oder nur so weit Angst zulassen, wie sie zur Lebensbewältigung notwendig ist. Angst hat nämlich auch ihre guten Seiten. Die realistische Einschätzung von Gefahr und die Anleitung zu den richtigen Reaktionen, sei es jetzt aktive Überwindung, Vermeidung, Schutz oder Flucht, gehören dazu.

Jeder Mensch trägt liebevolle, versorgende, schützende, haltende, tröstende elterliche Botschaften in sich. Sie sind angeboren und mithilfe dieser Übungen spürbar zu machen und zu aktivieren. Kein Mensch ist verloren, der eine schreckliche Kindheit durchgemacht hat. Es ist nicht notwendig, den Glauben an die

Menschheit zu verlieren, es ist möglich, Urmenschliches in sich zu spüren und zu beleben, auch wenn man es selbst viel zu wenig von anderen Menschen empfunden und erfahren hat.

Wir müssen lernen, mit der Härte des Lebens umzugehen und damit fertig zu werden. Das ist zweifellos richtig. Es entspricht aber nicht der Sehnsucht des Menschen und nicht einem wesentlichen Teil der Seele, der einen intensiven positiven Austausch haben möchte. Jener Austausch ist in dieser Schoßplatzübung enthalten. Überlegen Sie, was sich abspielt, wenn Sie ein Kind auf dem Schoß haben: Es ist lustig, man macht „Hopper-Reiter“, man fühlt sich ganz dem Kind zugewandt. Das Kind spürt, dass es in diesem Augenblick den Mittelpunkt der Welt bildet. Aber es gibt auch die Situationen, in denen es einem Kind nicht so gut geht, in denen es traurig ist und weint. Dann ist der Schoßplatz genauso wichtig. Man muss dieses Kind in die Arme nehmen, muss es halten, trösten, streicheln und sagen: „Ich bin bei dir, ich schütze dich, ich beruhige dich, ich mag dich. Ich finde es schön, dass du da bist, und ich halte zu dir.“ Das ist ein Dialog, der einem, wenn man das kann, über sehr schwierige Lebenssituationen hinweghilft. Dieses Zwiegespräch muss man jedoch trainieren, etwa mit einem Polster, den man als Symbol für den kleinen, den hilflosen, den traurigen Anteil von sich auf den Schoß nimmt und ihn ganz fest drückt, streichelt, hält und wirklich lieb hat. Das ist das, wonach die Seele verlangt, wenn sie unglücklich ist.

Die Seele braucht nicht die Erkenntnis, dass das Leben hart, dürr und entbehrungsreich ist und sie damit fertig werden muss. Dies gehört in den Bereich der Selbstquälerei. Wenn man die Chance hat, liebevoll mit sich umzugehen, dann lösen sich dieser Schmerz und diese Belastung.

An der Basis des Seelenhauses steht also – das ist auch in der Schoßplatzierung enthalten – eine existenzielle Freude: Ich bin da. Das ist gar nicht so selbstverständlich, dass der Mensch von sich sagt: „Ich freue mich, dass ich da bin, dass ich auf dieser Welt sein kann, dass ich Menschen begegnen, dass ich Menschen lieben, dass ich auch mit ihnen kämpfen kann." „Ich bin froh, dass ich da bin" – das ist die existenzielle Urbotschaft, die man in sich haben muss. Zu dieser muss man aber erst finden, diese Botschaft muss man positiv beantworten.

Auch diese Übung ist natürlich nicht in einigen Tagen erlernbar. Sie beinhaltet jedoch beim Aufbau des Seelenhauses einen weiteren wichtigen Schritt, nämlich die Konzentration auf die versorgenden Anteile, die bereits einen Teil des Erdgeschosses des Seelenhauses ausmachen.

Sich selbst genießen können, Vertrauen haben, sich wohl fühlen und spüren können, Geborgenheit und Grenzen spüren und versorgt werden sind die Basis, das Fundament. Im Erdgeschoss lernen wir, uns selbst zu versorgen, zu halten, zu achten, zu lieben.

Aktives Verwöhnen

Defizite, Ängste, Traurigkeiten, Niedergeschlagenheit treten von selbst auf, ohne dass wir uns darum bemühen. Das Leben ist auch eine Belastung, zum Teil eine Überforderung, stressreich. Aktives Verhalten, aktives Verwöhnen ist erforderlich. Normalerweise fällt es einem wesentlich leichter, jemand anderen zu verwöhnen, für ihn die Wohnung annehmlich zu gestalten, gutes Essen zu kochen, Blumen zu kaufen, sich etwas Schönes zu überlegen. Viele Menschen meinen, dass es sich nicht lohnt, sich selbst etwas Gutes zu kochen. Für die eigene Person reicht auch ein Butterbrot und man empfindet selten das Bedürfnis, sich selbst Blumen zu schenken. Dies alles ist jedoch nur Ausdruck des eigenen Nichtwahrnehmens. Verbunden damit ist die Sehnsucht, dass doch jemand anderer diese verwöhnenden Funktionen übernehmen sollte, dass man vom Nächsten geschätzt, geliebt, umsorgt werden möchte und nur das genießen kann. Dies führt jedoch unweigerlich in eine Abhängigkeit. Das Ziel kann freilich nur Autonomie sein. Autonomie bedeutet, sich selbst sehr umsichtig, liebevoll und verwöhnend zu behandeln. Am Ende des Buches finden Sie übrigens 88 Tipps, die großteils Anregungen beinhalten, wie Sie sich besser verwöhnen können.

Die Selbstbeelterung oder Neubeelterung

Da die leiblichen Elternrollen oft mit Abwertung verknüpft sind, ist es wichtig, dass Sie sich auf die Urelternbotschaften besinnen und beziehen. Es sind angeborene Rollen, die jeder in sich trägt, die jedoch aktiviert werden müssen. Jedes Kind weiß bereits, was es sich wünscht, was Mama und Papa sagen sollten. Oft hört man nicht das von ihnen, wonach man sich sehnt.

Mit dieser Übung haben Sie Gelegenheit, sich selbst nach Herzenslust zu verwöhnen. Sie mögen sich vielleicht anfangs etwas komisch fühlen, im Prinzip ist es jedoch eine Übung, die Sie unwillkürlich tagtäglich machen, indem Sie sich in schwierigen Situationen beruhigen, sich selbst Mut zusprechen und trösten, um die Dinge nicht zu schwer zu nehmen. Mit dieser Übung trainieren Sie diesen Vorgang bewusst und erkennen die Wichtigkeit dieses inneren Dialoges an. Es ist die Botschaft der prinzipiellen leistungsunabhängigen Liebe, die Achtung der Existenz, die ideale Basis, um Energie, Entscheidungskraft, Mut oder Neugier zu entwickeln und damit das nächste Stockwerk des Seelenhauses zu bauen, das mit einem vernünftigen Leistungsanspruch verbunden ist. Ohne Leistung lässt sich der Mensch nur schwer zufriedenstellen. Wichtig ist jedoch, dass die Etagen unterhalb stark und gefestigt sind, um darauf aufbauen zu können.

Im Laufe von Psychotherapien gelangen wir immer wieder an den Punkt, an dem die Menschen erkennen, dass sie im klaren Gegensatz zu den unmittelbaren Wünschen ihrer Eltern überhaupt entstanden sind oder auch leben. Damit wird klar, wie tief wir in die unteren Etagen des Seelenhauses hinuntersteigen müssen, um zu diesen Botschaften zu gelangen. Die negative Botschaft heißt (vorgeburtlich): „Ich bin entsetzt, dass du kommen sollst. Ich weiß nichts mit dir anzufangen, du bist mir eine zu große Belastung."

Diese negativen Aussagen und Urteile sollen und müssen durch positive Botschaften ersetzt werden: „Ich freue mich auf dich, du bist willkommen. Ich gebe dir Raum, Zeit und Aufmerksamkeit." Dies heißt auch, dass die eigene Einschätzung höher bewertet wird, dass das Positive einen bedeutenderen Platz eingeräumt bekommt.

Beispiel:
Herr S. schildert seine Eltern so: Er hätte ein Mädchen werden sollen. Seine Eltern haben das immer wieder bei Freunden erzählt. Als Mädchen hätte er wesentlich schönere Namen bekommen. Als Bub habe er einfach den Vornamen seines Vaters übernommen. Wenn es ihm schlecht gegangen sei, habe er sich auf seine Eltern nie verlassen können. Er habe immer nur Vorwürfe gehört. Wenn es ihm gut gegangen sei, hätten sich seine Eltern überall eingemischt.

Die Urelternübung

Setzen Sie sich auf einen Sessel und stellen Sie sich Ihre Wunscheltern vor, die hinter Ihren Schultern stehen. Überlegen Sie sich, wer auf welcher Seite steht: die Wunschmutter hinter der linken, der Wunschvater hinter der rechten Schulter. Dieses Gefühl, von hinten unterstützt zu sein, ist für das Lebensgefühl und für die Sicherheit besonders wichtig. Ihre Wunscheltern sollen Sie auf Schritt und Tritt begleiten und Ihnen Botschaften mitgeben. Die Mutter sagt: „Ich begleite dich, ich bin bei dir. Ich liebe dich, mir ist wichtig, dass es dir gut geht." Der Wunschvater hinter der rechten Schulter spricht ähnlich: „Ich stehe hinter dir. Ich halte dir den Rücken frei, ich beschütze dich, du bist mein geliebter Sohn."

Wie Sie merken, ist in keiner Botschaft eine Leistung enthalten. Die Stabilität unseres Seelenhauses hängt sehr stark von der leistungsunabhängigen Liebe ab. Diese Etagen sind auszubauen, zu trainieren, zu festigen, sodass wir Sicherheit und Zufriedenheit darin finden können.

Wenn es Ihnen gelungen ist, diese Instanzen zu spüren, zu fühlen, zu erleben, wechseln Sie bitte in die Urelternrollen. Sie stellen sich jetzt hinter den Sessel und haben sich selbst sozusagen vor sich. Beginnen Sie beispielsweise mit der Mutter und geben Sie den Botschaften der Mutter laute Sätze. In meinem Fall: „Manfred, ich bin bei dir, ich begleite dich, ich mag dich. Ich finde es schön, bei dir zu sein. Ich schütze dich, ich halte dir den Rücken frei, auf mich kannst du dich verlassen."

Sie können die Botschaften natürlich nach Ihren Bedürfnissen abwandeln. Einmal wird die Liebe wichtiger sein, das andere Mal die Geborgenheit, das dritte Mal der Trost.

Wechseln Sie dann in die ursprüngliche Position und hören Sie, was Ihre Urmutter zu Ihnen gesagt hat. Nehmen Sie sich Zeit und genießen Sie es.

Wechseln Sie dann bitte in die Rolle Ihres Urvaters. Dieser spricht: „Manfred, ich bin da, ich begleite dich und schütze dich. Auf mich kannst du zählen, ich bin verlässlich. Ich bin stolz auf dich. Ich bin gerne bei dir, ich finde es schön, dich begleiten zu dürfen, du bist mein geliebter Sohn. Wenn du Schwierigkeiten hast, helfe ich dir. Wenn du Nöte hast, kannst du dich an mich wenden." Gehen Sie wieder in Ihre ursprüngliche Position und hören beziehungsweise spüren Sie, was Ihr Urvater zu Ihnen gesagt hat.

Von entscheidender Wichtigkeit ist, dass es sich bei dieser Übung um ein Training von Urelternbotschaften handelt und Sie diese Botschaften nicht mit den Botschaften Ihrer leiblichen Eltern verwechseln und vergleichen dürfen. Jeder von uns trägt Botschaften der leiblichen Eltern in sich, die auch abwertend sein können: „Das wirst du nie lernen. Du gehst mir auf die Nerven.

Verschwinde, bei dir ist Hopfen und Malz verloren! Du wirst dir noch wehtun“ etc.

Wenn Sie die Selbstbeelterungsübung gut beherrschen, ist es möglich, den leiblichen Eltern zumindest zu verzeihen. Ich habe sehr viele Menschen getroffen, die unter dem vierten Gebot: „Du sollst Vater und Mutter ehren, auf dass es dir wohl ergehe auf Erden“ sehr gelitten haben. Der Ausweg aus dem Dilemma kann nur die positive Selbstbeelterung sein. Man muss sich, wenn man unter den leiblichen Eltern massiv gelitten hat, so sehr auf die archaischen Ureltern in sich beziehen, dass man in der Lage ist, den eigenen Eltern zu verzeihen und sie schlussendlich achtsam zu behandeln.

Die Erotik

Bei der Erotik stoßen wir auf dasselbe Phänomen wie bei der Liebe. Auch hier sind wir bewusst der Meinung, dass Erotik nur in der Beziehung zwischen zwei Menschen entsteht und sich entfaltet. Da es sich um Ihr ureigenstes Seelenhaus handelt, möchte ich die Erotik hier von einer anderen Warte betrachten.

Jeder Mensch hat an sich zwei Anteile, einen männlichen und einen weiblichen, Animus und Anima (siehe C. G. Jung). Wenn Jugendliche in den Spiegel blicken, dann möchten sie, sofern sie noch keinen festen Partner haben, sich selbst gefallen. Das heißt, sie möchten ihrem gegengeschlechtlichen Anteil gefallen. Mädchen schauen also in den Spiegel, ob sie ihr männlicher Anteil anziehend, erotisch, aufregend findet, und Burschen möchten, dass ihr eigener innerer weiblicher Anteil von ihnen fasziniert ist. Auch dies ist in der Ureichung des Menschen enthalten und kommt oft schon lange vor der Pubertät zur Geltung.

Falls diese Form der Autoerotik jedoch auf ein Verbot trifft, sind wir gezwungen, uns nicht mehr selbst erotisch zu finden, sondern nur noch darauf zu achten, ob uns andere erotisch finden. Auch dieser Zug bewirkt jedoch ein unsägliches Maß an Abhängigkeit. Da die Sehnsucht danach, geliebt, anziehend und erotisch gefunden zu werden, meist bei Weitem das Ausmaß übersteigt, das im realen Leben erlebt und empfunden werden kann, kommen wir automatisch in ein Defizit, wenn wir nur von der Umwelt Kraft und Liebe beziehen. Die Sehnsucht des Menschen ist also größer als die Realität.

Wenn wir uns davon abhängig machen, ob uns andere anziehend und erotisch finden, beginnt das oft groteske Blüten zu treiben, womit wir wieder beim Schönheitschirurgen, bei der Kosmetikindustrie etc. sind. Wenn Sie diese Übungen gut trainieren, werden manche Schönheitschirurgien weniger Geschäft machen.

Die Übung mit dem inneren Liebhaber

Um diesen Mechanismen entgegenzuwirken, schlage ich Ihnen eine Übung vor, die Sie in erster Linie unabhängig von der Zustimmung Ihrer Mitmenschen macht.

Überlegen Sie sich, wie Ihr gegengeschlechtlicher Liebhaber aussehen soll. Geben Sie ihm eine Gestalt, ein Aussehen, einen Charakter, ein Gefühlsleben. Horchen Sie in sich hinein, wie dieser Liebhaber sein soll beziehungsweise ist. Da es zur Ureichung des Menschen gehört, den gegengeschlechtlichen Anteil zu haben, ist es ein weiterer Schritt, diesen Anteil auch bewusst zu machen und zuzulassen. Dieser Liebhaber an Ihrer Seite kann Sie von nun an überall hinbegleiten.

Zur Übung des Gesprächs mit dem Liebhaber nehmen Sie zwei Sessel und setzen sich auf einen. Auf den Nebensessel (und da müssen Sie sich schon entscheiden, ob Ihr innerer Liebhaber Sie auf Ihrer rechten oder auf der linken Seite begleiten soll) setzen Sie Ihren inneren Liebhaber. Jetzt beginnen Sie sich auf diesen Liebhaber einzulassen, ihn zu spüren, zu riechen, mit ihm ins Gespräch zu kommen.

Dies ist natürlich nicht so einfach, da diese Übung doch relativ weit von dem im Alltag Üblichen entfernt ist. Trotzdem ist es eine Tatsache, dass ein Mensch von seiner Autoerotik geprägt ist. Das Gefühl, anziehend und faszinierend zu sein, kommt aus seinem Inneren, zum Teil aus den mit den Bezugspersonen gemachten Erfahrungen und seinem Animaanteil.

Leider erhalten die Menschen in unserer Gesellschaft von ihrer Umgebung eher negative als positive Rückmeldungen. Aus diesem Grund resultieren aus den inneren Botschaften Ängstlichkeit, Selbstabwertung, Schüchternheit. Der innere Liebhaber wird nicht gekannt. Trifft ein solcher Mensch auf eine andere Person, die ihn anziehend, faszinierend, aufregend findet, so entstehen zwei Reaktionen. Erstens freut sich der Mensch über diese Empfindungen, die er ausgelöst hat, und zweitens steht er dem Phänomen ungläubig gegenüber. Wie kann ein so unattraktiver, nichtssagender, stumpfer Mensch geliebt werden? Kann das nicht nur eine momentane Verblendung sein? Ein Irrtum des Schicksals? Eine krankhafte Anwandlung des anderen? Und diese grundsätzliche Selbstunsicherheit stellt die Beziehung wiederum auf eine harte Probe.

Kehren wir noch einmal zu unserer Übung zurück. Sie spüren Ihren faszinierenden gegengeschlechtlichen inneren Liebhaber an Ihrer Seite, freuen sich über seine Anwesenheit, genießen seine Ausstrahlung, seine Kraft, seine Feinfühligkeit, seinen Geruch. Sie können ihm das auch verbal mitteilen: „Ich freue mich, dass du bei mir bist, dass du an meiner Seite bist. Ich kann deine Kraft, deine Lebendigkeit und Kreativität, deine Feinfühligkeit spüren." So oder so ähnlich können Sie mit Ihrem inneren Liebhaber reden und eben das mitteilen, was ihm am wichtigsten ist.

Der nächste Teil der Übung ist der noch schwierigere. Wenn Sie Ihrem inneren Liebhaber einen Körper, eine Gestalt, Gefühle gegeben haben, können Sie seine Rolle übernehmen und dazu den Platz tauschen. Sie setzen sich also auf den anderen Sessel und nehmen sich selbst aus den Augen des inneren Liebhabers wahr. Jetzt beginnt natürlich das Phänomen zu wirken, das wir schon von der Spiegelübung kennen. Sie können mit sich selbst nichts anfangen, sehen nur einen unattraktiven, linkischen, hirnlosen Menschen, der auf keinen Fall geliebt werden kann. Wenn diese Gefühle zu stark sind, halten Sie sich bitte vor Augen, dass es sich um einen liebenden Anteil handelt: den inneren Animus oder die innere Anima. Dieser sieht in Ihnen die anziehenden, schönen, faszinierenden Anteile und kann sich Ihrer eigenen Abwertung nicht anschließen. Versuchen Sie sich aus dieser Rolle alle positiven Eigenschaften vor Augen zu führen. Nehmen Sie wieder als Hilfestellung die Menschen aus Ihrer Umgebung, die Sie sympathisch finden, obwohl Sie das nicht selbst finden. Üben Sie das so lange, bis Sie beginnen, eine positive Einstellung zu sich selbst zu gewinnen, um sich langsam, aber sicher auch erotisch zu finden.

Die Übung mit den Urbildern aus Zeitschriften

Die Welt ist oft so trist, dass wir geneigt sind, das Schöne aus den Augen zu verlieren. Alle Übungen zum Aufbau des Seelenhauses sollen dieser Tendenz entgegenwirken. Auch die positiven Bilder aus Zeitschriften können uns helfen, wieder Anschluss an Lebensfreude und Buntheit zu finden. Diese Übung soll die gesunden Aspekte in den Mittelpunkt rücken. Lebendigkeit, Kreativität, Begegnung, Freundschaft, das Miteinander-Genießen sollen die tragenden Elemente sein. Da diese Seiten des Lebens nicht so leicht erfasst, erschlossen und gelebt werden können, lassen sich anhand von Bildern diese Urkategorien erlebbar machen. Gerade die Werbung arbeitet mit der Tiefensehnsucht des Menschen nach Unbeschwertheit, Fröhlichkeit, Lebendigkeit. Wir sehen kleine Kinder, die auf dem Bauch des Vaters oder in den Armen der Mutter liegen, die gestillt und geherzt werden, mit denen gelacht und gescherzt wird.

Es sind Bilder, die helfen sollen, ein Wohlfühlen von der untersten Basis aus zu ermöglichen, die Sehnsucht in eine richtige

Richtung zu lenken und eine Nachreifung von der Basis her zu erlauben. Dazu ist es notwendig, dass der Betrachter sich nicht nur mit dem kleinen Kind identifiziert, das so glücklich in den Armen der Mutter liegt oder die Beachtung des Vaters erlebt, sondern dass auch eine intensive Identifikation mit der Mutter oder dem Vater stattfindet, die/der das Kleine schützt, herzt, liebt und es mit ihm lustig hat. Anhand der Bilder wollen wir das Seelenhaus bauen, indem alle Etagen noch einmal beleuchtet und nachgebessert werden.

Das Fundament ist die Verbundenheit, das Vertrauen, das Aufeinander-Orientiertsein, das Versorgtwerden. Hier ist es erforderlich, dass Sie sich sowohl in die Person hineindenken, die versorgt wird, als auch in die versorgende – jene, die Schutz gibt. In dieses Wechselspiel muss sich der Betrachter intensiv hineindenken und -fühlen. Dadurch wird eine positive Nachreifung auf dieser Ebene erreicht.

Die nächste Stufe ist die positive Interaktion auf der Ebene des Miteinander-Spielens. Wir sehen auf Bildern Mütter, die mit ihrem Kind durch eine Blumenwiese laufen. Ausgelassen aufeinander bezogen sein, Lebenslust und Freude sind die entscheidenden Dinge, aber nicht die Leistung oder eine andere Forderung. Es sind das Spiel und die Lebenslust, die weit vor der Leistung und dem Sinn des Lebens kommen. Laufen, Springen, Hüpfen, Plantschen, Spielen: Sie müssen Bilder mit diesen Tätigkeiten aussuchen und sich in diese hineinversenken.

Als nächste große Fähigkeit sollte die Hilfestellung für den anderen trainiert werden. Auch hier gibt es gute Fotos dazu: die Begegnung suchen, dem anderen helfen, ihn in verschiedenster Weise unterstützen. Die Dienstleistungsberufe im Erwachsenenleben finden hier einen direkten emotionalen Bezug. Wer Dienstleistender ist, ohne sich vor Augen zu führen, dass es einen Beruf darstellt, dass es mühsam ist, sondern dass er damit den Menschen hilft, sie entlastet, ihnen Freude bereitet, wird weniger Energieverlust erleben oder im Gegenteil Energie finden.

Die Lebendigkeit (Der Lustfaktor!)

Da Sie jetzt durch Ihre positiven Elternanteile (und durch Ihren inneren Liebhaber) begleitet sind, ist es geboten, sich nun Ihrer Lebendigkeit zuzuwenden.

Ein guter Teil Ihrer Lebendigkeit ist mit Ihrem kindlichen Anteil verbunden, mit dem ich Sie gerne wieder in Kontakt bringen, aber auch versöhnen möchte. Der kindliche Anteil ist nicht nur hilfsbedürftig, ängstlich, verzweifelt, weinend, mürrisch, wütend, unvorsichtig und übermütig, sondern beinhaltet auch eine große Zahl positiver Eigenschaften: Neugierde, Kreativität, Bewegungshunger, Spielfreude, Spontaneität und Ehrlichkeit. Er ist auch unbeschwert, optimistisch, positiv in die Zukunft blickend, träumerisch, lustbetont, vertrauensvoll, Nähe suchend, verzeihend. Als erwachsener Mensch, der in die Pflichten des Alltags eingespannt ist und nicht weiß, wie er sich aus dem Hamsterrad, in dem er läuft, befreien soll, ist es notwendig, auch mit dieser Seite des Seelenhauses Kontakt aufzunehmen.

Nehmen Sie sich dazu als Anregung Bilder aus der Werbung: ein glückliches Kind, das über eine Wiese hüpft, sich an den Blumen und Schmetterlingen erfreuen kann, verspielt und lebendig ist. Horchen Sie in sich hinein, ob die Erinnerung an die eigene Kindheit ähnliche Szenen zulassen kann. Versuchen Sie Spiele aus der Kindheit wieder wachzurufen und diese neu zu erlernen. Nicht nur Gehen und Laufen wird dann wichtig sein, sondern auch Springen, etwa Tempelhüpfen oder Schnurspringen.

Diese Übungen müssen Sie gar nicht in der Realität ausführen, Sie würden sich vielleicht zu verrückt vorkommen. Aber öffnen Sie sich im Prinzip der jugendlichen Beweglichkeit. Mit diesen Übungen sollen Sie zu einem Gefühl von Leichtigkeit, Unbeschwertheit und Lebendigkeit gelangen. Sie sollen wieder Anschluss an das Spielerische in Ihrem Leben gewinnen.

Bewegung

Bewegung ist für den menschlichen Organismus ein wahrer Jungbrunnen. In der Bewegung sind viele Körpererinnerungen gespeichert, die wieder aktiviert werden. In der Kindheit ist Bewegung etwas Selbstverständliches. In unserer zivilisierten Welt nimmt die Bedeutung im Laufe des Älterwerdens kontinuierlich ab. Dabei liegt in der Bewegung etwas Zauberhaftes. Das Kind lernt, seinen Körper zu erkennen und zu erproben. Es ist stolz darauf, wenn es zum ersten Mal allein die Rutsche hinunterrutschen konnte, wenn es Kletterkunststücke vorführen kann oder wenn es merkt, dass es zunehmend schneller laufen kann, ohne dass die Gefahr besteht, zu stürzen. Es springt vergnügt neben den Eltern her und will sich zunehmend mit ihnen messen: „Wer ist schneller beim Auto? Wer ist schneller im Schwimmen, um die Boje zu erreichen?“ All dies können wir aktivieren, wenn wir uns bewusst der Bewegung zuwenden. Fühlen Sie sich einfach jung, hüpfen Sie, so wie Sie es früher getan haben. Sie werden sehen, dass das etwas Positives in Ihnen auslöst.

Bewegungen, besonders die Ausdauersportarten wie Laufen, Radfahren, Langlaufen, Schnellgehen, sind auch von biologisch-medizinischer Seite genau untersucht worden. Dabei kommt es grob gesprochen zu einer „Entgiftung“ des Körpers. Überflüssige Fettstoffe werden abgebaut, der Hormonhaushalt wird harmonisiert, und zwar von Hormonen wie Östrogene oder Insulin, die auf den ersten Blick wenig mit Bewegung zu tun haben, aber auch die Botenstoffe des Gehirns. Alterungsprozesse und Krankheiten können damit hintangehalten werden.

Die Stresswaage

Die Stresswaage (vgl. Siegrist in Margraf et al.) ist ein Bild, welches allgemein verständlich etwas abbildet, das wir unbewusst tagtäglich tun. Wir bilanzieren, wir wägen ab und horchen in uns hinein, wie viel Belastendes, Unangenehmes, Stressreiches wir im Laufe eines Tages erlebt haben, und wie viel Angenehmes, Entspannendes, Erfreuliches wir dem gegenüberstellen müssen, um wieder ins Gleichgewicht zu kommen. Wir brauchen also Ruhe und Entspannung, müssen abschalten können, mit der Familie oder mit Freunden zusammen sein, verlangen nach Musik und Abwechslung, nach gutem Essen und Trinken, brauchen einen Film und vieles mehr, um die Stresswaage wieder ins Gleichgewicht zu bringen. Normalerweise machen wir das unbewusst.

Mein Vorschlag lautet nun, diesen unbewussten Mechanismus bewusst einzusetzen. Nehmen Sie sich Zeit, um schriftlich festzuhalten, wie viele Dinge pro Tag Sie ärgern und Sie somit belasten und welche Dinge Ihnen Freude bereiten und Sie damit entlasten. Ich habe diese Übung in vielen Seminaren mit den Teilnehmern durchgeführt und möchte Ihnen – vielleicht zu Ihrer eigenen Entlastung – die Ergebnisse mitteilen. Interessanterweise steht bei Überbeanspruchung vorerst der Wunsch nach Rückzug, nach Alleinsein, nach Entspannung, Natur, nach einer Badewanne, nach Musik im Vordergrund und erst in zweiter Linie, also wenn man schon ein gewisses Maß an positiver Energie erreicht hat, das Zusammensein mit anderen, Abwechslung, Aktivität, Bewegung, Sport, der intime Austausch im Vordergrund.

Diese Übung ist mir insofern von Wichtigkeit, da sie beleuchtet, dass mit positiver und negativer Energie ähnlich wie mit Geld umgegangen werden muss. Auch in finanziellen Angelegenheiten kommen wir nicht umhin, eine Einnahmen-Ausgaben-Rechnung zu machen, um uns vor Überschuldung zu schützen. So logisch diese Vorgehensweise in finanziellen Dingen ist, so wenig bewusst ist uns, dass wir mit der psychischen Energie ganz ähnlich verfahren müssen. Diese Vorgehensweise wird auch nicht gelehrt, obwohl ich sicher bin, dass jedes Kind mit diesem Bild bereits etwas anfangen kann. Es müsste nur in den Unterricht aufgenommen werden. Deswegen versteht sich dieses Buch wieder als Anregung oder auch als Lehrbuch.

Die Leistungsetage

Ohne ein ausreichendes Maß an positiver Leistung ist unser Leben kaum vorstellbar. Leistung kann jedoch nur auf der Basis der leistungsunabhängigen Liebe dauerhaft erbracht werden. Es muss also ein Gleichgewicht zwischen der leistungsabhängigen und der leistungsunabhängigen Liebe hergestellt werden. Gerade dann, wenn ein Mensch durch eine schwere Krankheit, etwa nach einem Herzinfarkt oder durch eine Krebserkrankung, in seiner Leistung schwer beeinträchtigt ist, muss wieder die leistungsunabhängige Liebe zu diesem Menschen an sich in den Vordergrund rücken. Über den alleinigen Wunsch nach Wiedererlangung der Leistungsfähigkeit ist keine Lösung zu erzielen.

Ich habe oft mit Menschen psychotherapeutisch gearbeitet, die aufgrund eines Unfalls querschnittsgelähmt waren. Dieser Schock benötigt die ganze Kraft, um zu erkennen, warum man trotzdem geliebt werden kann, warum dennoch die Mitmenschen nicht fluchtartig das Weite suchen, warum es trotzdem Verbundenheit, Liebe und Treue geben kann, warum Menschen Hilfestellungen anbieten, ohne dass man sie dafür als „verrückt“ ansehen muss.

Wenn wir von Leistung sprechen, ist es sinnvoll, einen kurzen Abstecher zur Stresstheorie zu machen. Der berühmte Stressforscher Hans Selye unterscheidet zwischen Eustress und Disstress. Eustress bedeutet Herausforderung, Neugierde, Problembewältigung, lustvollen Einsatz. Disstress bedeutet Überforderung bis zur Verzweiflung und Hoffnungslosigkeit. Viele psychosomatische Erkrankungen sind auf Disstress zurückzuführen. (Das habe ich in meinem Buch „Was die Seele glücklich macht“ näher ausgeführt.) Bei der Leistung ist es also notwendig, bei dem Gefühl der Herausforderung und der Problembewältigung zu bleiben. Der größte Trick dabei besteht darin, Leistung an sich als etwas Positives zu sehen. Wer seine eigene Leistung mit der des anderen vergleicht, ist schon gefährdet. Diese Weichen werden bereits in der Kindheit gestellt: „Ich habe schon Tisch gedeckt, ich habe bereits zusammengeräumt, ich habe schon Staub gesaugt – und Georg?“ Wenn es einem gelingt, Leistung an sich als etwas Positives zu sehen, um sich nicht mit anderen zu vergleichen, hat man schon halb gewonnen.

Der zweite wichtige Teil ist die Autonomie in der Beurteilung. Dazu ist es wiederum notwendig, seiner eigenen inneren Stimme nachzuspüren. Wir alle stehen ständig in einem Dialog mit uns selbst und es ist wichtig, diesen Dialog positiv zu gestalten. So wie wir schon bei der Spiegelübung und der Übung mit dem inneren Liebhaber gesehen haben, neigen wir dazu, uns selbst abzuwerten. Botschaften wie: „Was hast du denn da schon wieder gemacht? Das wirst du nie lernen! So einen Unsinn kannst auch nur du machen!“ oder noch härtere Beschimpfungen bis hin zu Schimpftiraden kommen uns schneller und leichter in den Sinn als Lob und Anerkennung. Das Fatale daran ist, dass es einen Mechanismus der projektiven Manipulation, wie Rainer Danzinger ihn genannt hat, gibt. Das bedeutet, dass derjenige, der sich selbst abwertet, den anderen in manipulativer Weise dazu bringt, von seiner ursprünglichen Meinung abzuweichen und ihn stattdessen ebenfalls abzuwerten. So entsteht ein sich selbst erhaltender Fehlerkreis.

Es gilt also, diesen negativen Fehlerkreis zu durchbrechen. Gehen Sie nach dem Motto vor: Wie viel Lob und Anerkennung benötigt ein Kind, um zu weiteren Leistungen motiviert zu sein? Für viele Menschen ist es wesentlich leichter, ihren eigenen Kindern Lob und Anerkennung zu geben als sich selbst. Versuchen Sie die positive Motivation auch für sich selbst einzuführen und dafür positive Botschaften zu entwickeln: „Das hast du gut gemacht. Ich bin stolz auf dich. Nimm dir Zeit! Es ist alles nur eine

Frage der Übung" und so fort. Sie müssen Ihre eigenen Worte, Ihre eigenen Botschaften dafür entwickeln, da Menschen unterschiedlich sind.

Natürlich ist es auch erforderlich, ein gewisses Maß an Strenge, Konsequenz, Klarheit und Härte in die eigenen Botschaften einzuflechten. Ohne diese notwendige Härte gibt es kein Durchhaltevermögen, keine Problembewältigung bei schwierigen Aufgaben. Trotzdem sollten wir nicht die Problembewältigung direkt als Motto vor Augen haben, sondern die Lust an der Problembewältigung, die Herausforderung, den Spaß, mit etwas Neuem konfrontiert zu sein, die Lust, etwas Neues dazulernen zu können, die Freude über die Bereicherung des bestehenden Repertoires.

Beziehungs- und Liebesfähigkeit

Die Selbstliebe ist die Voraussetzung für Beziehungs- und Liebesfähigkeit. Nur wer sich selbst liebt, ist in der Lage, andere zu lieben. Entsprechend den Übungen zum Aufbau des Seelenhauses ist es uns dann möglich, Freude am anderen zu empfinden, ohne uns von ihm bedroht, überstrahlt oder eingeschränkt zu fühlen. Durch die entstandene Autonomie und seelische Unabhängigkeit gelingt es, den anderen in seinen Eigenheiten und Unverwechselbarkeiten neugierig zu erfassen und ihm zu begegnen. Damit ist es wesentlich leichter, die wichtigsten Gefühle, Sympathie, gegenseitige Wertschätzung und Vertrauen zu empfinden. So wie bei uns selbst nehmen wir den anderen in seiner existenziellen Dimension wahr. Wir können uns darüber freuen, dass er da, dass er geboren ist. Wir können ihm Schutz, Geborgenheit und Wärme geben und ihn versorgen, wenn er in Not ist und das braucht. Wir können ihn in den Arm nehmen und ihn trösten, wir können aber auch mit ihm herumspringen, ausgelassen sein, Freude und Verbundenheit empfinden.

Das Schönste auf der Welt ist diese tiefe Verbundenheit mit dem anderen, eine Form des Gleichklangs zu genießen und eine Freude über den Unterschied, das Interesse am Austausch und die Freude am Mitteilen, Vertraut- und Anderssein. Die Spannung und die Harmonie, die Spontaneität und die persönliche Kreativität sind wunderbare Anteile einer liebevollen Beziehung. Ein Buch kann noch so schön und interessant sein, zur Wirkung kommt es erst, wenn es gelesen wird. Mit Menschen ist es ganz ähnlich. Geben wir den anderen die Möglichkeit, uns zu „lesen", uns kennenzulernen, sich für uns zu begeistern und sind wir umgekehrt bereit, den anderen zu erfassen, uns für ihn zu interessieren, neugierig in ihm zu „blättern". All das gelingt jedoch nur ohne Scheu und Scham, wenn wir gelernt haben, uns für uns selber zu begeistern.

Die Rolle des Mannes ist einem starken Wandel unterzogen. Männer können sich nur noch schwer auf die früher übliche Position des „starken Geschlechtes" zurückziehen. Sie werden von den Frauen gefordert, sie müssen einen Beitrag in der Haushaltsführung leisten und nehmen in der Kindererziehung eine zunehmend wichtige Position ein. Die Frau gestaltet das Berufsleben mit, Frauen werden Vorgesetzte von Männern. All dies bringt alte Strukturen ins Wanken und verunsichert. Es ist daher unerlässlich, eine eigene Position zu erarbeiten, sich seines Selbst sicher zu sein und nicht, weil man dem starken Geschlecht angehört. Alle Übungen in diesem Buch sollen genau dazu dienen. Männer sollen sich ihres Selbst sicherer sein.

Dieser Rollenwechsel kann sich irritierend auf die Sexualität auswirken. Um seines Selbst in der Sexualität sicher zu sein, ist ein vernünftiges und einfühlsames Reden darüber nötig. Damit können Irritationen, was alles beim Geschlechtsverkehr oder durch den Geschlechtsverkehr passieren kann, minimiert werden. Zu diesem Gespräch gehört auch, dass klar wird, dass es beim Liebesleben und beim Geschlechtsverkehr nicht um eine Leistungsdemonstration geht, sondern um Begegnung, darum, den anderen zu suchen, ihn verstehen, begreifen und genießen zu lernen. Damit wird auch der eventuell lauernden Selbstunsicherheit begegnet. Es ist eine neue Chance, durch einen neuen Menschen zu einer neuen Erkenntnis über sich selbst zu finden, auch sich selbst in einer neuen Weise genießen zu können. Im Vertrauen auf die Begegnung werden auch Ängste abgebaut, kann man sowohl Sicherheit in sich als auch im Partner finden. Die Erektion ist nicht mit Liebesfähigkeit gleichzusetzen. Das Erfassen des anderen, der Hautkontakt, die Zärtlichkeit können eine neue Bedeutung gewinnen.

Die sexuelle Funktionsfähigkeit stellt einen sehr sensiblen Indikator für das psychosomatische Wohlbefinden dar. Störungen in diesem Bereich können als Warnlämpchen gedeutet werden: Irgendetwas ist nicht in Ordnung. Es lohnt sich, das Warnsignal ernst zu nehmen. Sowohl körperliche Erkrankungen als auch psychische Überlastung können Gründe dafür sein. Eine Eigenanalyse ist notwendig: Warum leuchtet dieses Lämpchen?

Bei der weiblichen Sexualität treten vor allem im Bereich des Lustempfindens und der Orgasmusfähigkeit Probleme auf. Auch dies hat einerseits ihre Wurzel in der mangelnden Selbstliebe, in der mangelnden Harmonie mit dem „inneren Liebhaber", dann aber auch mit der Begegnungsfähigkeit mit dem anderen. Hier ist der Mann gefordert, auf die Wünsche und Bedürfnisse der Frau einzugehen, eine Freude daran zu finden, zu erkunden, was sie genießen kann und was ihr unangenehm ist, ihr auch dazu zu verhelfen, dass Liebe und Sexualität für beide eine Freude und Erfüllung darstellen können und Sexualität nicht nur für den Mann geschaffen wurde.

In der Sexualität können wir alle psychosomatischen Entwicklungsstufen in rascher Abfolge erleben oder auch beobachten. So, wie in der menschlichen Entwicklung zuerst die Haut und der Mund von vorrangiger Bedeutung sind, stehen auch in der körperlichen Liebe, in der Begegnung die Berührung, das Streicheln und das Küssen zuerst im Vordergrund. Dazu ist es jedoch notwendig, dass Männer sich auf diese frühe Begegnungsform einlassen und sie nicht als kindlich oder kindisch abtun. Sexualität hat mit Suchen und Finden zu tun, dazu gehört ein langsamer Beginn. „Harter Sex" ist eine Spielvariante zwischen Menschen, die sich das ausmachen können, stellt jedoch für Frauen meist eine große Überforderung dar. Sie sollten sich diese Form nicht aufzwingen lassen. Männer müssen erst wieder zu einer erfüllten Form der Begegnung finden und sind auch zuerst verunsichert und im Unklaren darin, was wirklich eine Erfüllung bedeutet.

Erkenntnis und Wissen

Diese Etage des Seelenhauses ist von genauso großer Bedeutung wie alle anderen Stockwerke. Sie werden sich vielleicht kurz fragen, was Wissen mit Gefühl und Seele zu tun hat. Sehr viel. Ein Mehr an Wissen bedeutet ein Mehr an Bewusstsein und damit auch ein Mehr an Selbstbewusstsein. Wissen ist verknüpft mit Orientierung, dem Gefühl, sich in der Welt auszukennen und zurechtzufinden. Erkenntnis ist gepaart mit Neugierde und Entdeckungsfreude. Ein Mehr an Wissen bedeutet ein Mehr an Sich-Wohlfühlen in der eigenen Haut, ein Mehr an Sicherheit und ein Weniger an Angst, Aberglaube und Unsicherheit.

Es geht hier nicht nur um Wissen über die psychische Gesundheit und über das Wesen von Glück, sondern um einen weiter gespannten Bogen des Wissens, „was die Welt im Innersten zusammenhält."

Wissen ist natürlich auch verknüpft mit Unwissen. „Scio nescio", „Ich weiß, dass ich nichts weiß" ist ein von Platon überliefertes Zitat von Sokrates. Diese Erkenntnis tritt automatisch auf, je mehr man sich bemüht, Dinge zu erkennen und zu verstehen. Die Erkenntnis besagt: Je mehr ich mich um Wissen bemühe, umso größer wird die Erkenntnis über die Dinge, die ich nicht erkenne und die ich auch im Laufe meines Lebens nicht mehr erkennen werden kann. Es entsteht damit eine große psychische Belastung, die wiederum durch die Gefühle der leistungsunabhängigen Liebe, der Akzeptanz des Aufgehobenseins und der Verbundenheit ausgeglichen werden muss.

Eine wesentliche Wurzel der Erkenntnis und des Wissens liegt in der Zeit der Aufklärung. Es war jene Zeit, die versucht hat, das Althergebrachte kritisch zu hinterfragen. Nicht der Glaube an Autoritäten bestimmte die Idee dieser Geistesströmung, sondern der Auftrag, sich seines eigenen Verstandes zu bedienen und sich von mystischem Zeitgeist und Aberglauben zu befreien. Die Aufklärung sieht Immanuel Kant als den Ausweg des Menschen aus seiner selbstverschuldeten Unmündigkeit. Diese gilt es zu durchbrechen. Das Wesen der Unmündigkeit hat sich seither deutlich verändert. Im Grunde hält der Mensch jedoch auch heute an der Unmündigkeit fest. Nicht die Eigenständigkeit des Geistes und der Seele ist die Maxime, sondern das Bedürfnis, sich von Mode, Marken, Schönheitsidealen und anderen Menschen abhängig zu machen. Deswegen sieht sich dieses Buch auch im Zeitgeist der modernen Aufklärung. Die Vernunft liegt in uns, sie ist ein Teil unserer Ureichung und wir müssen uns ihrer nur bedienen. Wir müssen den Mut haben, eigenständig zu denken und zu fühlen.

Die Übung mit der göttlichen Instanz

Das Transzendentale zieht sich einerseits durch alle Stockwerke des Seelenhauses, da das Göttliche viel mit Schutz, Geborgenheit, Vertrauen und Liebe zu tun hat, andererseits bildet es auch das Dach. Als Dachetage ist die göttliche Dimension insofern gedacht, als es sich dabei um die Reflexionsbasis handelt. Wenn die anderen Ebenen gut abgesichert und stabil sind, ist es notwendig, die ganze Existenz noch einmal unter der kosmischen, transzendentalen und göttlichen Dimension zu überlegen oder auch zu erfühlen.

Sie müssen nicht Gott sagen, Sie können auch Allah, Jahwe, Buddha oder anderes sagen. Es geht um eine andere, um eine göttliche Dimension, die Dimension des Transzendentalen, die jedoch viele Elemente, die in den bisherigen Übungen enthalten waren, auf einer neuen Stufe wiederbeleben.

Nehmen Sie die Basisübung, die Kuschelübung. Hier sind sehr viele Themen und Elemente angesprochen, die wir auch mit der göttlichen Instanz verbinden. Stellen Sie sich jetzt diese Bausteine in Bezug auf das höhere Wesen vor: die göttliche Geborgenheit, den Schutz, die Stabilität, die Verlässlichkeit, den göttlichen Trost, die Zuflucht und das Verständnis, und es gibt natürlich auch die göttliche Liebe, das Angenommensein, die Unterstützung, die Rückendeckung, die prinzipielle und leistungsunabhängige Liebe aus einer göttlichen Dimension.

Vergessen Sie jedoch nicht, dass es sich bei dieser Übung nur um *eine* Etage des Seelenhauses handelt. Fangen Sie nicht bei dieser Übung an, sondern wissen Sie nur um die Bedeutung dieser Etage. Es ist von großer Wichtigkeit, dass Sie den inneren Schutz und die Geborgenheit, den inneren Vater und die Mutter finden, weil Sie damit körpernäher abgesichert sind, sich zufriedener und kuscheliger fühlen und die Begegnung mit der göttlichen Dimension diese fundierte Basis braucht.

Diese Übungen bieten Ihnen die Möglichkeit, aus dem Negativkreis auszubrechen. Weil man selbst nicht genug Positives erlebt und erhalten hat, gibt man auch den anderen möglichst wenig Positives. Weil man selbst zu wenig Liebe erfahren hat, schwärmt man selbst für Härte, Kriegsfilme, brutale Szenen im Fernsehen und lehnt auch sonst Liebevolles als verweichlicht ab.

Das Leben als Kampfschauplatz könnte sich mithilfe dieser Übungen ändern. Gleichzeitig möchte ich betonen, dass das Leben immer auch Kampf sein wird. Aber es soll kein Kampf gegen die eigene Person sein. Das Kämpferische muss sich mit dem Entspannenden, mit dem Geschützten die Waage halten.

Das Bauchhirn

Wenn wir vom Glücksgefühl reden, dann müssen wir auch unser Bauchhirn mit einbeziehen. Das Bauchhirn ist ein Nervengeflecht, das aus über 100 Millionen Nervenzellen besteht. Dieses Nervengeflecht hat engen Kontakt zum Gehirn und steht mit diesem und dem ganzen Körper in Wechselwirkung. Es führt jedoch auch ein Eigenleben. Die Informationen des Bauchhirns sind nicht ohne Weiteres direkt dem Bewusstsein zugänglich, sondern sind im Unbewussten gelagert. Eine Fülle von Informationen wird dort gespeichert und verarbeitet. Wenn wir Entscheidungen treffen, sollte sich das Gehirn mit dem Bauchhirn absprechen. Nur aus dem Bauch heraus zu entscheiden, ohne Kontrolle durch das Großhirn, ist nicht empfehlenswert. Trotzdem sind die Signale des Bauchhirns bei Entscheidungen zu beachten, weil aus dem Bauch heraus die Summe an unbewussten Inhalten geprüft und zu einer Botschaft an das Großhirn verarbeitet wird.

Wir befragen (oft unbewusst) unseren Bauch, ob uns eine Lösung stimmig oder nicht stimmig vorkommt. Das Bauchhirn prüft, stimmt zu oder lehnt ab. Das Bauchhirn kann auch in die Zukunft blicken und mögliche Gefahren wahrnehmen, sich durch Druck im Bauch, Bauchschneiden oder schlichtes Unwohlsein warnend einschalten. Auf unterschiedliche Themen reagiert das Bauchhirn anders. Bei dem einen Thema kann sich einem der Magen umdrehen, man kann etwas zum Kotzen finden, etwas kann sich wie Blei auf den Magen schlagen, man könnte vor Angst in die Hose machen und voll Wut auf etwas sch....

Das Bauchhirn kann auch als Stimmungsbarometer gelten. Wir können das Gefühl von Harmonie, von Wärme und Geborgenheit, aber auch von Dissonanz, Verkrampfung und Schmerzen spüren. Die schönsten positiven Botschaften sind zweifellos die Schmetterlinge im Bauch im Zustand der Verliebtheit.

Mein Freund und Kollege aus Graz, Christian Fazekas, sieht das Bauchhirn im größeren Zusammenhang der Rückmeldung von Körpersignalen an das Gehirn. Nicht nur der Bauch meldet Befindlichkeiten zurück, sondern der gesamte Körper. Fazekas nennt das „psychosomatische Intelligenz“ und hat darüber ein wunderbares Buch geschrieben. „Der menschliche Alltag ist von einer unerschöpflich großen Zahl an Körpersignalen begleitet. Diese sind uns mehr oder weniger bewusst, sie stehen in enger Verbindung mit der Dynamik unserer Gefühle, Stimmungen und Gedanken. Sie liefern uns reichhaltige Informationen, uns selbst und unsere Umwelt betreffend“, heißt es darin.

In Zusammenhang mit einer Krankengeschichte schreibt er weiter: „In der Folge wollte Carla aber auch ihr Ausmaß an subjektiver Belastung mithilfe der Beachtung von Körpersignalen, wie Anspannung und Unruhe, aufmerksamer verfolgen und lesen lernen. Sie entschloss sich dazu, diese Signale künftig verstärkt zu nützen, um einen anderen Umgang mit ihrem Stress, damit auch mit ihrem Körper zu entwickeln“.

Christian Fazekas betont die Wichtigkeit des Erfassens der Körpersignale. Es ist ein wesentlicher Teil unseres Lebens. Beim konsequenten Ignorieren riskieren wir sogar, die eigene Mitte zu verlieren oder den Boden unter den Füßen. Fazekas fragt weiter, ob ein solches Verhalten nicht auf Kosten von innerer Leichtigkeit und Zufriedenheit und damit zu Lasten eines Teils der Lebensfreude gehen kann. „Psychosomatische Intelligenz (…) befähigt uns, diese leibliche Informationsebene zu berücksichtigen und sie als Teilbereich komplexe Informationsbearbeitung, etwa im Alltag, mehr oder weniger intelligent zu integrieren“.

Auf der biochemischen Seite sind im Bauchhirn dieselben Neurotransmitter wie im Großhirn wirksam (zum Beispiel Serotonin, Noradrenalin, Dopamin, Acetylcholin, Glutamat, Opiate).

Das vegetative Nervensystem

Ein wesentlicher Teil des Bauchhirns hängt eng mit dem vegetativen Nervensystem zusammen. Dieses wird vom Sympathikus und dem Parasympathikus gebildet. Das vegetative Nervensystem steuert die Herzfrequenz, die Verengung und Erweiterung der Gefäße, die Atmung, den Stoffwechsel, die Magen-Darm-Funktion und reguliert auch die Organtätigkeit aller endokrinen Organe des Körpers. Das Besondere am vegetativen Nervensystem ist, dass es ohne bewusste Wahrnehmung funktioniert. Faszinierend, wie viele und welch komplexe Anpassungsleistungen von unserem Körper erbracht werden, ohne dass wir uns bewusst darum kümmern müssen. Auch körperliche Heilungsvorgänge, beispielsweise nach Verletzungen, werden über dieses System reguliert und gesteuert.

Der Sympathikus

Die Neurotransmitter des Sympathikus sind das Acetylcholin, das Noradrenalin und das Adrenalin. Bei Stress werden Neurotransmitter und Hormone ausgeschüttet. Das Adrenalin passt das Herz-Kreislauf-System, die Atmung und den Stoffwechsel an stressbedingte Belastungen an. Die Hände und Füße werden kalt, da das Blut im Zentrum gebraucht wird, der Blutdruck steigt, die Muskeln spannen sich an, um für Kampf oder Flucht gerüstet zu sein. Zucker und Fette werden für den höheren Energiebedarf bereitgestellt. Ein hochkomplexes Zusammenspiel funktioniert, ohne dass wir willentlich eingreifen und steuern müssen.

Der Parasympathikus

Der Parasympathikus ist jener Teil des vegetativen Nervensystems, der für Entspannung, Ruhe und Regeneration zuständig ist. Er wirkt als Gegenspieler des Sympathikus und ist dementsprechend ebenfalls für das Herz-Kreislauf-System, die Lunge, die Eng- und Weitstellung der Gefäße, die Steuerung der endokrinen Drüsen, die Pupillenaktion im Auge, die Magen-Darm-Motorik und die Verdauung, die Harnblase und die Sexualfunktion zuständig. Bei diesen letztangeführten Organen ist eine Störung in der Funktion des Parasympathikus direkt ablesbar.

Bei Stress, bei Aufregung, wenn der Sympathikus die Oberhand hat, ist es nicht möglich, die Harnblase zu entleeren. Andererseits ist der Parasympathikus auch für die Weitstellung der Gefäße des männlichen Gliedes und für die Durchblutung und damit für die Erektion, aber auch für das sexuelle Empfindungsvermögen der Frau zuständig. Bei zu viel Stress, sprich einer Daueraktivierung des Sympathikus wird die sexuelle Funktionsfähigkeit gestört. Auch psychisch wirkt sich der Dauerstress aus. Umgangssprachlich sagen wir: „Ich weiß nicht mehr, ob ich ein Mandl oder ein Weibl bin."

Sexuelle Funktionsstörungen können oft als Frühsymptom einer zu großen Dauerstressbelastung angesehen werden, müssen jedoch medizinisch abgeklärt werden.

Die Chemie des Gehirns

Das Glücksgefühl ist direkt mit der Ausgewogenheit an Nervenbotenstoffen = Neurotransmittern verbunden. Wir kennen eine große Zahl an Neurotransmittern, deren genaue Kenntnis für Sie jedoch nicht von entscheidender Bedeutung ist. Es ist allerdings notwendig, dass Sie die basalen Abläufe in Ihrem Nervenhormonhaushalt kennen.

Serotonin

Serotonin ist der bekannteste Neurotransmitter. Er wird umgangssprachlich auch als Glückshormon bezeichnet. Serotonin ist ein nervlicher Botenstoff, der in der Darmwand und im zentralen Nervensystem gebildet wird. Er wird zur Verarbeitung von Belastungen, darunter übermäßigem Stress, zur Bewältigung neuer Aufgaben oder traumatischer Erlebnisse, wie den Verlust eines Angehörigen, benötigt. Wir wissen etwa, dass viele Menschen, die im Spital behandelt werden, Anzeichen eines Serotoninmangel-Syndroms zeigen. Körperliche Krankheit, aufwendige und anstrengende Untersuchungen, Angst und bevorstehende Operationen können dieses Serotoninmangel-Syndrom bewirken. Vereinfacht lässt sich also sagen, dass Serotoninmangel durch vermehrten Verbrauch von Serotonin bei übermäßigen Belastungen entsteht.

Dies ist allerdings nur eine Erklärung. Ich habe viele Menschen behandeln dürfen, die mir versicherten (und auch die Angehörigen bestätigten dies), dass keine besonderen Belastungen zu verzeichnen waren und trotzdem Symptome eines Serotoninmangel-Syndroms aufgetreten sind. Erwiesenermaßen gibt es dieses Mangelsyndrom auch als Stoffwechselerkrankung, wobei die Anlage dazu genetisch vererbt werden kann. Wenn beide Eltern an dieser Erkrankung leiden, beträgt die Wahrscheinlichkeit für ein Kind, ebenfalls an dieser Erkrankung zu leiden, 50 bis 60 Prozent. Ist nur ein Elternteil betroffen, beträgt die Wahrscheinlichkeit zirka 15 Prozent. Die Untersuchung bei Zwillingen bringt auf der anderen Seite ein höchst interessantes Ergebnis. Obwohl eineiige Zwillinge genetisch identisch sind, erkrankt der Zwillingspartner in weniger als der Hälfte der Fälle ebenfalls an einer Depression. Dies zeigt sehr klar, dass nur eine gewisse Anlage vererbt und genetisch verankert ist und auch andere Faktoren den Ausbruch und die Entwicklung einer Depression bewirken.

Die Verbindungsstellen zwischen den einzelnen Nervenfasern, an denen die Impulse übertragen werden, heißen Synapsen. Die Nervenimpulse werden an den Synapsen mittels eines chemischen Vorgangs übertragen, der durch Nervenbotenstoffe, die Neurotransmitter, ausgeführt wird. Serotoninmangel bedeutet, dass es einen zu niedrigen Serotoninspiegel im synaptischen Spalt an der Übertragungsstelle zwischen den Nervenzellen gibt. Dies ist in bestimmten Hirnregionen durch dynamische bildgebende Verfahren wie Positronenemissionstomografie und dynamische Magnetresonanztomografie gut zu beweisen. Das Problem in der Diagnostik ist darin zu sehen, dass wir zwar den Serotoninspiegel im Blut messen können, ähnlich dem Spiegel bei den Schilddrüsenhormonwerten. Jedoch lässt dieser Wert keinen Rückschluss auf die klinische Symptomatik zu, da es sich um ein lokales Mangelphänomen in bestimmten Gehirnarealen handelt.

Die Wirkung des Serotonins lässt sich am leichtesten durch die Aufzählung der Symptome des Serotoninmangel-Syndroms beschreiben:

1. *Antriebsarmut:* Die Menschen beklagen, dass alles für sie unerträglich schwer wird. Sogar Dinge, die sie früher mit Leich-

tigkeit bewältigt haben, bedeuten jetzt eine große Herausforderung. Kleinigkeiten, auch im Alltag, stellen schon große Hürden dar.

2. *Aufmerksamkeits- und Gedächtnisstörungen:* Menschen mit einem Serotoninmangel-Syndrom beklagen, dass sie sich nicht mehr richtig konzentrieren können. Es sei, wie wenn Sand ins Getriebe des Gehirns gekommen wäre. Selbst das Lesen einer Zeitung bedeutet schon eine große Anstrengung. Wenn sie am Ende des Absatzes angelangt sind, wüssten sie schon nicht mehr, was sie gelesen hätten. Häufig entsteht die Angst vor einer schwerwiegenden Erkrankung wie Alzheimer-Demenz.
3. *Schmerzen:* Man fühlt sich nicht mehr wohl in der eigenen Haut, es zwickt und zwackt, man leidet unter wandernden Schmerzen, einmal tut die linke Schulter weh, dann das rechte Knie, die Hüfte, der Nacken, das Kreuz oder der Ellbogen.
4. *Verlust der sexuellen Lust:* Auch Sex macht keinen Spaß mehr beziehungsweise fehlt das Bedürfnis nach Sex. Da das innerliche Gefühl grau ist, passt Sex gar nicht mehr zum Alltag.
5. *Schlafstörungen:* Sie sind oft das erste Symptom eines Serotoninmangel-Syndroms. Häufig funktioniert das Einschlafen noch relativ problemlos, aber die Fähigkeit des Durchschlafens ist gestört. Die Menschen beklagen, dass sie um 2 oder um 3 Uhr früh aufwachen und dann nicht mehr einschlafen können. Sehr gerne beginnen dann die negativen Gedanken zu kreisen, die sich nicht abstellen lassen.
6. *Schüchternheit:* Viele Menschen mit Serotoninmangel ziehen sich von ihrer Umwelt zurück, sie entwickeln Angst vor dem anderen, fühlen sich grau und nicht mehr liebenswert. Die Begegnung mit dem anderen ist mehr Belastung als Gewinn.
7. *Zwanghaftigkeit:* Serotoninmangel kann auch zu einer Hemmung im Alltag führen, die sich in Zwanghaftigkeit niederschlägt. Man fühlt sich als Betroffener genötigt, alles besonders genau zu machen, immer wieder zu kontrollieren, fühlt sich in seinen eigenen Kontrollmechanismen gefangen.

8. *Angst:* Serotoninmangel kann das Gefühl von Angst entstehen lassen, und das in unterschiedlicher Ausprägung mit unterschiedlichen Themen: Angst vor schwerer Krankheit, Angst vor den Menschen, Angst vor der nächsten Unterrichtsstunde (zum Beispiel bei Lehrern), Angst vor einer Prüfung, Angst vor dem Urlaub (vor dem Neuen) bis hin zur ungerichteten Angst vor dem Leben.
9. *Depressionen:* Das Gefühl der Depression ist eng mit einem Serotoninmangel verknüpft. Alles erscheint grau, unbewältigbar, sinn- und hoffnungslos, man neigt zu Grübeleien. Obwohl das Gehirn weiß, dass diese Negativspiralen zu keinem Ziel führen, kann man sich nicht dagegen zur Wehr setzen. Die schwarzen Gedanken führen sozusagen ein Eigenleben.

Zu beachten ist auch, dass das Serotoninmangel-Syndrom bei Männern sich manchmal in anderen Symptomen äußert als bei Frauen. Männer sind häufiger gereizter, nervöser, unwilliger und aggressiver.

Serotonin fungiert als Vernetzungshormon, als Verschalthormon der einzelnen Bereiche des Gehirns. Sie schalten damit das Schlafzentrum ein, kommen zur Beruhigung und zum Schlaf. Sie schalten damit aber auch Ihr Aufmerksamkeitszentrum ein, mit dem Sie sich besser konzentrieren können, und Ihr Lustzentrum, indem Sie sich insgesamt in Ihrem Körper wieder wohler fühlen und auch Ihre Erotik sowie Ihre Lust an Sex wieder erleben können.

Noradrenalin

Eng verknüpft mit dem Serotonin ist der Noradrenalinhaushalt. Noradrenalin ist der zweite wichtige Botenstoff des zentralen Nervensystems und des Sympathikus. Noradrenalin wirkt antriebssteigernder als Serotonin und steuert sowohl die geistige als auch die psychische Stressanpassung im Gehirn. Es steigert noch besser die Gedächtnisleistung, die Aufmerksamkeit, die Merkfähigkeit und die Motivation, außerdem wirkt es stärker im Sinne der Linderung von Schmerzempfinden. Noradrenalin wird im Mittelhirn von einer Zellgruppe produziert, die aufgrund ihrer Färbung locus caeruleus genannt wird.

Adrenalin

Das Adrenalin ist das akute Stresshormon. Der Adrenalinschub lässt uns rasch reagieren, macht uns leistungsstark, bereitet uns auf Kampf oder Flucht vor. Es ist ein Hormon, das dem Menschen zentral das Überleben gesichert hat. Adrenalin ist das zentrale Hormon des Sympathikus und für Aktivität, Herausforderung sowie für die Flucht- und Kampfreaktion zuständig.

Cortisol

Cortisol ist ein Hormon der Nebennierenrinde. Es entfaltet zentrale Aktivitäten im Stoffwechsel, vor allen Dingen, indem es die Bildung von Blutzucker aktiviert, fördert die fettlösliche Wirkung von Adrenalin und Noradrenalin und erhöht den Eiweißumsatz. Cortisol ist ein lebenswichtiges Hormon, das entzündungshemmend wirkt, die Immunreaktion des Körpers bremst und neben Adrenalin und Noradrenalin die Stressbewältigung bewirkt.

Glutamat

Glutamat ist der am stärksten antriebssteigernde Neurotransmitter des zentralen Nervensystems.

Gammaaminobuttersäure

Dieser Neurotransmitter wirkt am stärksten dämpfend und beruhigend im Gehirn.

Acetylcholin

Acetylcholin ist ein Neurotransmitter, der sowohl für den Parasympathikus als auch den Sympathikus größte Bedeutung hat. Die Erregungsübertragung zwischen Nerv und Muskel, aber auch zwischen Nervenzellen erfolgt über Acetylcholin. Nicht zuletzt im zentralen Nervensystem spielt Acetylcholin eine entscheidende Rolle. Ihm kommt für die funktionierende Gedächtnisleistung eine zentrale Bedeutung zu. Bei der Alzheimer-Krankheit entsteht durch das Absterben der vor allem Acetylcholin produzierenden Nervenzellen ein Mangel an dieser Substanz. Diesen versucht man medizinisch durch die Gabe von Medikamenten auszugleichen, die die Inaktivierung des Acetylcholins verhindern.

Dopamin

Dopamin ist eines der wichtigsten Neurotransmitter des Menschen. Es stellt einerseits die Vorstufe zu Adrenalin dar, andererseits wirkt es direkt im zentralen Nervensystem und im vegetativen Nervensystem. Dopaminmangel führt zu den komplexen Krankheitssymptomen einer Parkinsonschen Erkrankung. Ein Dopaminmangel kann auch die Symptome eines Restless-Legs-Syndroms verursachen, also eine Unfähigkeit, die Beine und Füße, besonders nachts, stillzuhalten. Ein Übermaß an Ausschüttung von Dopamin, wie es bei manchen Rauschdrogen zustande kommen kann, kann zur Auslösung einer Psychose führen.

Endorphine

Endorphine sind Substanzen, die im Gehirn gebildet werden. Sie stellen körpereigene Opiate dar, die eine ähnliche Wirkung haben, wie wir sie von den morphinhaltigen Medikamenten kennen. Sie wirken stark schmerzdämpfend und bewirken ein Glücksgefühl bis zum Rauschzustand. Endorphine werden bei lang anhaltenden Sportbelastungen, aber auch bei extrem fordernden Aktivitäten, bei denen das Neurotransmittersystem besonders angeregt wird, wie Bungee-Jumping oder Ähnlichem, freigesetzt.

Oxytocin

Oxytocin ist ein Hormon, das in letzter Zeit immer mehr Beachtung findet. Es ist bekannt, dass das Hormon bei der Geburt, beim Stillen und beim Orgasmus ausgeschüttet wird. Oxytocin schützt stillende Frauen nachweisbar vor Stress. Oxytocin dürfte sich auch auf das Treueverhalten auswirken. Dieser Nachweis ist zumindest bei Tierversuchen gelungen. So wird Oxytocin auch als Liebes-, Kuschel- oder Treuehormon bezeichnet. Es erzeugt Gefühle wie Liebe, Verlangen und Glück. Auch beim Kuscheln wird Oxytocin freigesetzt. Das Hormon soll auch Menschen großzügig, einfühlsam und hilfsbereit machen.

Das Phänomen Stress

Die Wirkung der Neurotransmitter können wir am besten verstehen lernen, wenn wir die Stressreaktion genauer ansehen.

Stress ist uns allen in dieser stressreichen Zeit vertraut. Stress ist jedoch nicht nur negativ zu sehen. Der Begründer der modernen Stressforschung Hans Selye unterscheidet zwischen Eustress und Disstress. Wenn ein Mensch unter Eustress steht, so wirkt sich das positiv auf seine subjektive Befindlichkeit, auf sein Problemlösungsverhalten, auf seine Leistungs- und Konzentrationsfähigkeit, seine Lebensfreude und Lebenslust sowie auch auf seine sexuelle Lust aus.

Auf der Ebene der Neurotransmitter, der Botenstoffe des Gehirns, können wir eine Zunahme von Noradrenalin und Serotonin verzeichnen. Unter Eustress kommt es auch zu einer Verbesserung der Durchblutung des Gehirns und zu einer deutlichen Vermehrung der Synapsen. Die Nervenzellen entwickeln sich positiv, sie bilden neue Arme, die Dendriten, aus, wodurch wieder die Lern- und Aufmerksamkeitsfähigkeit verbessert wird. Im Menschen entsteht ein Hochgefühl.

Bei Disstress tritt eine Überforderung des Systems auf. Die Anforderungen an den Einzelnen können nicht mehr mit derselben Leichtigkeit und demselben Schwung bewältigt werden. Die Bewältigung der Aufgaben beginnt mühsam, zäh und anstrengend zu werden. Lustlosigkeit und Versagensängste gesellen sich zu dem Bild.

Im chronischen Disstress wird ein weiteres Transmittersystem zugeschaltet, das vom Gehirn über die Hirnanhangdrüse zur Nebenniere wirkt und dort eine Cortisolausschüttung veranlasst. Dies ist ein Kompensationsmechanismus, der für einige Zeit das

System aufrechterhält, wodurch es jedoch auch zu negativen Veränderungen kommt. Die länger dauernde Erhöhung des Cortisolspiegels bedeutet eine zunehmende Verminderung der Gehirndurchblutung, eine Abnahme der Schaltstellen und ein Zurückbilden der Nervenfortsätze.

In der Erschöpfungsphase macht sich eine allgemeine Erschöpfung der Kraft, eine Reduzierung der Neurotransmitterreserven bemerkbar. Sowohl die Neurotransmitter als auch das Cortisol stehen dann in einer zu geringen Konzentration zur Verfügung und können eine Erschöpfungsdepression, ein Burn-out-Syndrom bewirken oder auch den Ausbruch körperlicher Erkrankungen begünstigen.

Im Kleinen erleben wir die Neurotransmitter-Veränderungen oft schon im Alltag. Aus dem Hochgefühl des Eustresses gehen wir auf Urlaub und werden Opfer der „Liegestuhldepression", wie Karoline Hochreiter dieses Phänomen genannt hat. Dies bedeutet nichts anderes, als dass wir den Eustress genutzt haben, um das Neurotransmittersystem auf einer hohen Ebene zu gebrauchen. Die Entspannung im Urlaub bedeutet für den Organismus eine Downregulation der Systeme, unglücklicherweise unter das Normalmaß. Oft wird dann der Weg zum Strand schon mühsam und als Herausforderung empfunden. Mathias Rüegg, der Begründer des Vienna Art Orchestra, erzählte in einem Interview, dass er regelmäßig nach einem langen, intensiven Arbeitsprozess in ein „Loch" fällt, wenn dieser plötzlich aufgehört hat.

Es kann auch das Gefühl einer Depression entstehen, aber auch eine gewisse Krankheitsanfälligkeit auftreten. Viele Menschen beklagen, dass sie dazu neigen, im Urlaub Husten, Schnupfen, Heiserkeit oder Fieber zu entwickeln. Psyche, Gehirn und Immunsystem stehen in einem direkten Zusammenhang und in einer Wechselwirkung (Rüegg 2001).

Aber auch bei anderen Gelegenheiten können wir dieses Phänomen beobachten. Tage außerordentlich großer Freude sind hier besonders geeignet. Denken Sie nur an die Freude über die Hochzeit und den „Kater“ am nächsten Tag, der nicht nur etwas damit zu tun haben muss, dass man zu viel Alkohol konsumiert hat, sondern eben auch damit, dass am nächsten Tag ein vorübergehender Neurotransmittermangel entsteht, weil der positive Stress wegfällt. Dieses Wissen beruhigt, weil man damit der Angst begegnen kann, womöglich den falschen Partner geheiratet zu haben.

Ein ähnliches Phänomen sehen wir oft nach der Geburt. Die Geburt eines Kindes ist im höchsten Maß ein stressreicher Vorgang. Nicht nur die Freude, sondern auch die Angst, die Schmerzen und die körperliche Anstrengung bedeuten höchste Belastung. Auch hier sehen wir im Rahmen der Gegenregulation in den nächsten Tagen oft ein Phänomen, das „Baby Blues“ genannt wird. Es beschreibt ein Gefühl, einen Seelenzustand, der bei der Mutter Beunruhigung entstehen lässt, weil sie nicht die erwartete Freude empfinden kann, sich im Gegenteil mit dem Baby überfordert fühlt und zu wenig Verbindung spürt.

Serotonin- oder Noradrenalinmangel kann also durch äußere Belastungen ausgelöst und durch positive Maßnahmen verbessert werden. Dazu müssen wir uns noch einmal die Dynamik genauer vor Augen halten. Der Neurotransmitterhaushalt lässt sich durch positive Gefühle, Empfindungen und Übungen, wie ich sie bei der Beschreibung des Seelenhauses empfohlen habe, positiv beeinflussen. Dass Psychotherapie in ähnlicher Weise wie Medikamente (Antidepressiva) den Hirnstoffwechsel verändert, haben eine große Zahl wissenschaftlicher Untersuchungen mit bildgebenden Verfahren wie PET (Positronen-Emissions-Tomografie) oder andere dynamische bildgebende Verfahren des Gehirnstoffwechsels bewiesen.

Es gibt jedoch auch Serotonin- beziehungsweise Noradrenalinmangel-Zustände, die nicht unmittelbar psychodynamisch erklärbar sind. Betroffene schildern, dass sie in guten Beziehungen leben, dass sie keine Sorgen haben, dass sie finanziell abgesichert sind, dass sie einen guten Freundeskreis sowie zufriedene und erfolgreiche Kinder haben – und trotzdem haben sie alle Symptome eines Serotonin-/Noradrenalinmangels entwickelt.

Ein Loblied auf die Medikamente

Keine Angst vor dem Glück bedeutet auch keine Angst vor der Einnahme von Medikamenten, die dieses Glücksgefühl ermöglichen können. Diese Medikamente werden leider noch immer in unfairer Weise mit Ablehnung und Vorurteilen belegt. Bei Symptomen einer Schilddrüsenunterfunktion ist es ganz selbstverständlich, dass Medikamente eingenommen werden, die diese Unterfunktion ausgleichen können. Und das, obwohl einige Symptome der Schilddrüsenunterfunktion Ähnlichkeiten mit denen eines Serotoninmangels aufweisen.

Ähnlich verhält es sich bei Symptomen des Bluthochdrucks. Auch da wird die Notwendigkeit einer Medikamenteneinnahme akzeptiert. Ganz anders ist es bei den sogenannten Antidepressiva. Dabei würde durch die Einnahme solcher Substanzen viel Leid für die Betroffenen, aber auch für die Angehörigen erspart werden können. Für einen Psychiater ist diese Einstellung zum Teil zum Verzweifeln, weil damit die Ungleichheit in der Bewertung der Krankheitsbilder zum Ausdruck kommt.

Die Möglichkeit, medikamentös das Serotoninmangel-Syndrom zu behandeln, ist sehr gut. Leider sind die zentralen Symptome im psychischen Bereich zu sehen und damit in einem Gebiet, das normalerweise pädagogisch bearbeitet wird.

Die Reaktion ist meistens: „Reiß dich zusammen, das wäre doch gelacht, wenn du das nicht zusammenbrächtest! Wegen so einer Kleinigkeit so ein Aufheben machen!“ und so fort. Diese Reaktionen kommen von den Betroffenen selbst in Bezug auf die eigene Person, aber auch von den Angehörigen. So schleppen sich Menschen oft jahrelang mit einer extrem reduzierten Lebensqualität dahin und vermeiden trotzdem konsequent die Einnahme von Serotoninreuptakehemmern oder anderen Medikamenten zur Verbesserung des Nervenstoffwechsels, weil das Psychopharmaka sind.

Beispiel:
Frau L., Mutter von drei Kindern, war Kindergärtnerin und übte ihren Beruf gerne aus. Schleichend hatte sie den Eindruck, dass ihr alles zu viel werde. Der Alltag wurde immer mühsamer, die Kinder im Kindergarten zur nervlichen Belastung, Kleinigkeiten regten sie auf. Sie ging sich selbst auf die Nerven, ihrem Mann gegenüber veränderte sie sich ebenfalls und beklagte sich über ihr Leben. Der Gatte bemühte sich redlich, ihr zu helfen, sie zu unterstützen – alles vergeblich. Sie gab ihren geliebten Beruf auf, in der Hoffnung, dass damit das Überforderungssyndrom endlich ausgeglichen werden könnte. Glücklicherweise verdiente ihr Mann so weit ausreichend, dass dadurch keine neuen Probleme entstanden.
Trotz laufender psychotherapeutischer Behandlung besserte sich der Zustand nicht. Erst als sie sich entschloss, Psychopharmaka einzunehmen, besserte sich der Zustand deutlich, wobei gesagt werden muss, dass die Medikamente, die nur den Serotoninhaushalt beeinflussten, keine Wirkung bei ihr zeigten, sondern erst durch ein Medikament, das sowohl Serotonin als auch den zweiten wichtigen Nervenbotenstoff Neuroadrenalin positiv beeinflusste, die Lebensqualität wieder voll hergestellt werden konnte. Frau L. nahm zwar ihren Beruf nicht mehr auf, genoss es jedoch, Mutter zu sein, und wendete sich kreativen Dingen zu. Sie widmete sich ganz der neuen Entwicklung ihres Selbst, um das sie sich so lange in der Psychotherapie bemüht hatte.

Es gibt also Störungen (und die sind nicht allzu selten), die als Ursache für den Serotonin-/Noradrenalinmangel eine Störung im Stoffwechsel dieser Neurotransmitter haben. Diese Menschen können all die beschriebenen Symptome schildern und darunter leiden, ohne dass auch bei genauer Reflexion die Ursache in einem Stresssyndrom oder in einem schlechten Umgang mit sich selbst gesehen werden kann. Diese Störungen sollten wir genauso wertfrei sehen wie eine Schilddrüsenunterfunktion, bei der selbstverständlich ein entsprechendes Medikament eingenommen wird, oder einen Insulinmangel bei einem Zuckerkranken. Für diese Menschen bedeutet es einen Segen, dass es diese Medikamente gibt, mit denen ihnen geholfen werden kann.

Das Nervensystem und das Gehirn sind genauso Organe wie die Lunge, der Magen etc. Die Lunge reagiert bei Entzündungen mit Husten oder erfreulicherweise seltener mit Lungenentzündung, der Magen mit Gastritis, Übelkeit und Schmerzen. Es ist selbstverständlich, dass wir Medikamente gegen Entzündungen oder gegen Fieber einnehmen, aber auch Antibiotika, um schwerere Entzündungen zu bekämpfen. Bei Magenübersäuerung nehmen wir gerne Medikamente zur Linderung des Sodbrennens. Das Nervensystem kann nicht anders reagieren als mit Antriebslosigkeit, Depressionen, Angstzuständen oder Schmerzen. Nehmen Sie diese Symptome als Husten oder als Lungenentzündung des Nervensystems.

Daher möchte ich prinzipiell eine Lanze für die Einnahme von Antidepressiva brechen. Ich habe zu viele Menschen erlebt, die sich abgemüht haben, um zu einer anderen Lebensbewältigung, zu einer veränderten Einstellung zu sich selbst zu gelangen und mehr Glück zu finden, denen erst die Einnahme eines Medikaments die Türen geöffnet und die Chance geboten hat, von der Negativ- zur Positivspirale zu gelangen.

Bei den beschriebenen Symptomen eines Serotoninmangels ist es notwendig, Serotonin-Wiederaufnahmehemmer als Medikament einzusetzen. Diese Substanzen bewirken, dass das körpereigene Serotonin, das vorwiegend in der Wand des Dünndarms produziert wird, weniger schnell an den Synapsen abgebaut wird und damit länger aktiv bleibt. Dies hat bei manchen Menschen schon nach einigen Tagen, bei anderen erst nach zwei bis drei Wochen zur Folge, dass die Symptome des Serotoninmangel-Syndroms gebessert werden. Die Betroffenen berichten, dass sie sich wieder aktiver fühlen, dass sie sich wieder besser konzentrieren können und sich Dinge merken, dass sie wieder aktiver an die Probleme herangehen und dass sie wieder leistungsfähiger sind. Auch die Freude an Sex bessert sich, so wie sich insgesamt das Selbstwertgefühl wieder hebt. Die Einnahme von Serotonin-Wiederaufnahmehemmern ist nicht an eine nachvollziehbare psychodynamische Belastung im Sinne von Stress, Überforderung, Kränkung, Verlust des Partners oder sonstigen Belastungen gebunden, sondern richtet sich ausschließlich nach dem Vorhandensein der Symptome. Viele Probleme, die auf den ersten Blick rein psychodynamisch anmuten, verschwinden durch die Einnahme von Serotonin-Wiederaufnahmehemmern, da man wieder aktiver die Probleme bewältigen kann und insgesamt eine andere Einstellung zum Leben gewinnt.

Natürlich gibt es bei Serotonin-Wiederaufnahmehemmern auch Nebenwirkungen, die jedoch relativ selten auftreten und nicht dazu führen sollten, die Behandlung abzubrechen, sondern nur einen Anlass darstellen sollten, das Präparat zu wechseln. Die häufigsten Nebenwirkungen – Übelkeit, Appetitlosigkeit, Durchfall – betreffen den Magen-Darm-Trakt. Das sexuelle Lustempfinden normalisiert sich unter der Therapie meistens, es gibt jedoch auch Männer und Frauen, die über Nebenwirkungen wie Erektionsschwierigkeiten, Probleme bei der Ejakulation oder beim Orgasmus klagen. Diese Nebenwirkungen sind dem behandelnden Arzt mitzuteilen und es ist mit ihm zu entscheiden, ob eine Substanz aus einer anderen Gruppe gewählt werden soll, die diese Nebenwirkung nicht auslöst.

Besonders wichtig ist mir, zu betonen, dass es bei diesen Substanzen keine Gewöhnung und keine Suchtentwicklung gibt, und herauszustreichen, dass die medikamentöse Behandlung als etwas Positives und oft unbedingt Notwendiges gesehen werden muss. Viel Leid kann durch die Akzeptanz dieser Überzeugung und die Einnahme dieser Substanzen vermieden werden.

Die am häufigsten verwendeten Substanzen

Historisch gesehen ist Fluoxetin die am längsten verschriebene Substanz. Als Prozac hat es einen Siegeszug durch die USA gefeiert. Die gängigen Markennamen sind: Fluctine, Mutan, Flux, Fluoxetin etc. Diese Substanz lässt sich bei Symptomen eines Serotoninmangels bei Ängsten und Zwängen, aber auch bei Essstörungen (etwa einer Essbrechsucht) oder gegen Hungerattacken gut einsetzen.

Zu den am häufigsten verschriebenen und eingenommenen Präparaten zählen jene, welche die Substanz Citalopram enthalten. Dazu gehören Medikamente wie Seropram, Pram, Citalopram Genericon und andere. Diese Substanz hat den Vorteil, dass sie wenige Wechselwirkungen mit anderen Medikamenten zeigt. Auf Nebenwirkungen ist immer zu achten, diese Substanz ist jedoch im Allgemeinen sehr gut verträglich. Sollten trotzdem Nebenwirkungen auftreten, muss das Präparat gewechselt werden. Leider können wir im Vorfeld der Verschreibung nicht abschätzen, welcher Mensch welches Präparat am besten verträgt.

Ähnlich dem Citalopram ist das Escitalopram (Cipralex), das ein ähnlich angenehmes Wechselwirkungsprofil aufweist und den Vorteil zeigt, dass es rascher wirksam ist.

Sertralin (zum Beispiel Gladem, Tresleen, Adjuvin, Sertralin Genericon etc.) ist eine Substanzgruppe, die sehr ausführlich bei Patienten mit Herz-Kreislauf-Erkrankungen zum Einsatz gekommen ist, wobei sich gezeigt hat, dass die Symptome des Serotoninmangels gut behoben werden konnten und sogar Patienten nach einem akuten Herzinfarkt große Vorteile und vor allem keine Nachteile durch die Einnahme dieses Medikaments erfahren haben. Sertralin wird auch Kindern, die ein Serotoninmangel-Syndrom aufweisen, verordnet. Auch in der Schwangerschaft ist es eine Substanz, die nach Abwägung von Vor- und Nachteilen eingesetzt werden kann.

Paroxetin (zum Beispiel Seroxat, Paroxat etc.) wird gerne eingesetzt, wenn die Symptome von Angst im Vordergrund stehen. Im Bezug auf diese Substanz gibt es auch sehr interessante Arbeiten darüber, dass das prämenstruelle Syndrom, also Unterbauchschmerzen, Angstzustände, Schlafstörungen, Konzentrationsschwierigkeiten etc. vor der Regel, sehr gut beeinflusst werden kann.

Stehen im Rahmen des Serotoninmangel-Syndroms die Schmerzen im Vordergrund, empfiehlt sich die Einnahme von Präparaten, die sowohl den Serotonin- als auch den Noradrenalinhaushalt positiv beeinflussen. Das sind Substanzen wie Venlafaxin (etwa Efectin), Dulexetin (beispielsweise Cymbalta), Milnazipran (wie Ixel) oder Mirtazepin (wie Mirtabene, Mirtel etc.).

Das erste Symptom eines Serotoninmangels ist oft die Schlafstörung. Zirka 15 Prozent der Menschen in den Industrieländern leiden an Schlafstörungen. Wenn wir den Haushalt der Nervenbotenstoffe günstig beeinflussen wollen, ist es sinnvoller, den Serotonin- und Noradrenalinhaushalt zu verbessern und nicht Schlafmittel einzunehmen, die biochemisch gesehen nur eine Blockade bewirken und zusätzlich noch den Nachteil haben, dass man sich daran gewöhnen kann beziehungsweise auch ein gewisses Suchtpotenzial in sich tragen. Hier empfehlen sich Substanzen wie Trazodon (darunter Trittico) oder Mirtazepin (etwa Mirtabene, Mirtel etc.).

Ältere Substanzgruppen sind die sogenannten trizyklischen Antidepressiva, die jedoch den Nachteil haben, dass viele Menschen mit Nebenwirkungen wie Mundtrockenheit, Verstopfung, sexuelle Dysfunktionen, Zittern etc. reagieren. Bei herzkranken Patienten verbietet sich die Einnahme von trizyklischen Antidepressiva, da die möglichen Nebenwirkungen auf die

Herzaktion zu gefährlich sind und nachweislich nach einem Herzinfarkt (im Gegensatz zu den Serotonin-Wiederaufnahmehemmern) das Wiederauftreten eines neuerlichen Herzinfarkts deutlich erhöht ist.

Benzodiazepine

Benzodiazepine sind Medikamente, die beruhigend wirken, indem sie modulierend die Bindungsstellen des Neurotransmitters Gammaaminobuttersäure beeinflussen. Sie haben eine Fülle positiver Wirkungen. Sie wirken angstlösend und entspannend, beruhigend und schlaffördernd, krampflösend und vermitteln vielen Menschen ein Wohlgefühl. Das Problem an dieser Substanzgruppe besteht darin, dass die Präparate einen Gewöhnungseffekt aufweisen und eine Suchtentwicklung nicht ausgeschlossen werden kann. Trotzdem ist der Einsatz von Benzodiazepinen bei Angstzuständen, Aggressivität, Unruhe und Schlafstörungen für kurze Zeit empfehlenswert, jedoch immer unter Berücksichtigung der Suchtpotenz. Da es eine zu große Zahl von Benzodiazepin-Präparaten gibt, verzichte ich hier auf eine Aufzählung und darf Sie an Ihren Arzt oder Apotheker verweisen.

Die Depression

Die Beschreibung und damit das Erfassenkönnen einer Depression ist mir ein besonderes Anliegen. Sie gehört zu den Krankheitsbildern, die am häufigsten nicht erkannt und damit nicht behandelt werden. Hinter den meisten psychosomatischen Erkrankungen kann auch eine Depression stecken. Es ist lohnend, sich in jedem Fall mit der Überlegung auseinanderzusetzen, ob es sich um ein Serotonin-/Noradrenalinmangel-Syndrom mit den Begleitsymptomen einer Depression handeln könnte oder nicht.

Unnötiges Leid, Krankenstände, Familiendramen, wiederholte körperliche Durchuntersuchungen könnten damit vermieden werden.

Eine Depression kann verschiedenste Ausdrucksformen haben und die Diagnose ist daher gar nicht so einfach. Ein anderer Grund, warum eine Depression nicht diagnostiziert wird, ist der, dass sie zu den verpönten Krankheitsbildern gehört. Ein Depressiver ist nach einer leider noch immer sehr verbreiteten Meinung „geistig nicht in Ordnung“, er „spinnt“.

Da Depressionen sich oft in Form von körperlichen und organischen Missempfindungen äußern, neigt man dazu, bei der organischen Abklärung zu bleiben. Zeichen können sein: Druck auf der Brust, Bauchschmerzen, Kopfschmerzen, Rücken- oder Genickschmerzen, Schlafstörungen, Veränderungen des Appetits, das Gefühl, sich Dinge nicht mehr merken zu können und viele, viele andere Beschwerden mehr. Nach genauer Durchuntersuchung wird vielleicht sogar die eine oder andere Abnützung des Organs, beispielsweise der Wirbelsäule, gefunden. Nur beheben Schmerzmittel, Antirheumatika und andere Symptom lindernde Medikamente nicht die Ursache. Ein Antidepressivum muss hier eingesetzt werden. Damit ergibt sich schon die zweite Hürde in der Behandlung dieser Erkrankung: Viele wollen mit der Diagnose Depression nichts zu tun haben, natürlich noch weniger mit einem „Antidepressivum“. Ein Medikament gegen Bluthochdruck, gegen Gicht, gegen Asthma wird relativ gern eingenommen, ein Medikament gegen Depressionen aber oft mit großem Misstrauen betrachtet.

Es gibt Menschen, die die Diagnose einer Depression akzeptieren können, aber auch viele von diesen wollen von „Antidepressiva“ nichts wissen. Man müsste andere Bezeichnungen dafür finden, zum Beispiel Energiespender, Serotoninregulatoren, Nervenhormonregulatoren und so fort. Diese Bezeichnungen würden für viele Betroffene auch wesentlich exakter den Grund für den Einsatz des Medikaments treffen.

Die Depression könnte man auch als Serotoninmangel-Syndrom bezeichnen. Um wie viel schöner klingt dieser Name doch für den Betroffenen! Ich leide also nicht an einer Depression, sondern an einem Serotoninmangel-Syndrom. Diesen Ausdruck gibt es tatsächlich. Im Serotoninmangel-Syndrom wird eine bestimmte Kombination von Symptomen beschrieben: Müdigkeit, Abgeschlagenheit, Lustlosigkeit, Schlafstörungen, es zwickt und zwackt im Körper, man fühlt sich nicht wohl in seiner Haut, Schmerzen verschiedenster Lokalisation, das Gefühl, Sand im Getriebe zu haben, vergesslich zu sein, sich nicht mehr richtig konzentrieren zu können. Kleine Aufgaben wirken schon unüberwindlich, Dinge, bei denen man es selbst gar nicht für möglich gehalten hätte, wie Blumengießen, können plötzlich eine riesige Hürde darstellen. Da die Veränderung der Stimmung im Sinne einer Depression oder von Angst oft gar nicht so sehr im Vordergrund steht, ist es doppelt verständlich, wenn sich die Betroffenen gegen die stigmatisierende Diagnose „Depression" wehren.

Natürlich wäre es am schönsten, wenn die Gesellschaft die Stigmatisierung dieser Erkrankung aufgeben könnte. Wir sind jedoch leider noch sehr weit davon entfernt. Man darf zwar Husten bekommen, an einer Lungenentzündung erkranken oder auch an Bluthochdruck leiden, wer jedoch an einer Depression erkrankt, ist verdächtig, bedeutet eine Gefahr, muss in der Zukunft kritisch betrachtet werden. Bei Krankschreibungen ist es dem Betroffenen ziemlich egal, wenn man dem Dienstgeber mitteilt, dass er wegen eines akuten Schubs einer rheumatischen Erkrankung im Krankenstand sein muss. Die Diagnose der Depression ist jedoch peinlich, ist zu persönlich, zu nah, zu intim. Folglich darf sie nicht gestellt werden.

Dabei sind die Betroffenen in bester Gesellschaft. Sechs Prozent der Menschen leiden durchschnittlich an einer Depression. 20 Prozent der Menschen in unseren technisch höher entwickelten Staaten leiden im Laufe ihres Lebens ein Mal an einer depressiven Episode. In einem Spital sind es zirka 30 Prozent.

Oft sehen wir im Krankenhaus, in den Ambulanzen oder auch bei niedergelassenen Fach- und Allgemeinärzten Menschen, die an einer Erschöpfungsdepression leiden. Überarbeitung, mangelnde Selbstbeobachtung und außer Kontrolle geratender Kräftehaushalt, Selbstausbeutung, falsch verstandener Leistungsanspruch und vieles mehr (siehe S. 145 ff.) führen zu einer Veränderung im Neurotransmitterhaushalt, im Haushalt der Nervenhormone. Dieses Defizit ist auch mit Medikamenten auszugleichen. Gleichzeitig weiß man, dass man durch verschiedene Aktivitäten ebenfalls den Hormonhaushalt der Nerven positiv beeinflussen kann. Bekannt ist das befreiende Gefühl bei Dauersportarten wie Joggen oder Langlaufen. Aber auch durch Ernährungsumstellung und durch Veränderung des Lebensstils sind positive Veränderungen zu erreichen. Auch Sonne tanken oder andere Aktivitäten wirken sich positiv auf den Nervenhormonhaushalt aus. Man weiß, dass Lachen gesund ist. Lachen bewirkt ebenfalls eine Harmonisierung und einen positiven Ausgleich im Neurotransmittergefüge.

So gibt es unzählige Möglichkeiten, wie man Kraft tanken kann, und Ihren eigenen Einfällen sei hier keine Grenze gesetzt. Dieses Buch soll auch nur eine Anregung für Ihr eigenes Tun darstellen. Sie sollen die Inspirationen in Ihrer eigenen Weise weiter ausbauen und sich bestärkt in dem fühlen, was Sie ohnehin schon als Gesundheitsinformation in sich tragen. Anregungen können Sie auch aus dem Kapitel „Das Seelenhaus“ (siehe S. 85 ff.) und den anschließenden Übungen beziehen.

Vergessen Sie jedoch nicht, dass ab einem gewissen Maß an Leid die medikamentöse Hilfe sehr positive Veränderungen bewirken kann. Dann ist man vielleicht nicht in der Lage, die genannten Übungen durchzuführen, oder nicht mehr imstande, so positiv zu denken, dass überhaupt eine Besserung erreicht werden kann. Vertrauen Sie sich bitte einem Spezialisten an und scheuen Sie auch nicht davor zurück, wenn dieser Spezialist ein Psychiater ist.

Die Erschöpfungsdepression ist jedoch nur eine Form der Depression beziehungsweise nur eine Erklärungsmöglichkeit. Es gibt auch Menschen, und auch das ist gar nicht so selten, welche die Zeichen eines Serotoninmangel-Syndroms haben und sehr glaubhaft versichern, dass sie keine Überbelastung hätten, dass familiär alles in Ordnung sei, dass sie auch keine finanziellen Sorgen oder Wohnprobleme plagen würden. Es treten eben auch Depressionen auf, die dadurch zu erklären sind, dass die Produktion der Nervenhormone nicht im richtigen Maße funktioniert. Dies ist dann so zu verstehen wie die Zuckerkrankheit, bei der die Inselzellen der Bauchspeicheldrüse nicht ausreichend Insulin produzieren und der seelische und psychodynamische Aspekt tatsächlich eine untergeordnete Bedeutung haben. Auch hier ist eine medikamentöse Unterstützung notwendig, und keiner der Betroffenen sollte sich dafür genieren.

Leider ist bei den Betroffenen die Ansicht weit verbreitet, man müsse es doch selbst schaffen: Das wäre doch gelacht, Medikamente gegen Depressionen, bei schlechter Stimmung oder Antriebslosigkeit einzunehmen. Sie sind sich in ihrer Meinung einig mit vielen Angehörigen von Depressiven, die die Betroffenen damit quälen, ihnen zu sagen, sie sollen sich doch zusammenreißen, sie sollen endlich aufstehen, nicht die ganze Zeit im Bett herumliegen, endlich etwas tun, sie würden mit dieser Haltung noch bei lebendigem Leib verfaulen. Diese Mitmenschen können oder wollen nicht erkennen, dass ein Depressiver meist nicht in der Lage ist, sich am eigenen Schopf aus dem Sumpf zu ziehen. Es ist eine Behandlung durch den Arzt angezeigt und notwendig. Eine Depression lässt sich heute behandeln. Manchmal braucht es Geduld und manchmal wirkt auch nicht das erste Antidepressivum, das verordnet wird. Aber mit dem gemeinsamen Bemühen, aus dem Loch oder aus der Röhre herauszukommen, sollte es gelingen.

Aufgrund vieler Studien wissen wir allerdings, dass nur drei bis fünf Prozent der Betroffenen in Behandlung sind. Die Qualen werden dadurch nicht beseitigt, es entstehen Menschen mit veränderten Grundhaltungen und Lebenseinstellungen. Der Umwelt fällt das oft auf. Es wird gesagt: „Früher war er/sie immer so lustig, jetzt kann man nichts mehr mit ihm/ihr anfangen. Er/Sie ist immer so gereizt, grantig, ungeduldig, man kann überhaupt keinen Spaß mehr mit ihm/ihr haben."

Ich möchte hier nicht nur für die Medikamente plädieren, sie sind jedoch meist ein unabdingbarer Bestandteil eines umfassenderen Therapiekonzepts. Meist sind biologische und psychodynamische Faktoren gemeinsam ausschlaggebend. In der neueren wissenschaftlichen und diagnostischen Auffassung von Depression trennt man auch nicht mehr so wie früher zwischen endogener Depression, die stoffwechselbedingt ist, und einer reaktiven Depression, die aus einer seelischen Überbelastung zu erklären ist. Diese Trennung hat sich als nicht zielführend erwiesen, da alle Formen der Depression sowohl einen psychodynamischen als auch einen biochemischen Teil aufweisen, die im Neurotransmittersystem ähnliche Auswirkungen haben und damit auch eine medikamentöse Stimmungsaufhellung und Linderung der Qualen bei allen Formen möglich ist.

Beschrieben wird in der heutigen Diagnostik der Schweregrad der Depression. Bei einer leichten Form ist es möglich, dass man als Betroffener nur die Antriebsarmut und die Veränderung in der Befindlichkeit und gar nicht eine depressive Stimmungslage spürt. Aber auch hier wirken ähnliche Zusammenhänge im Hintergrund. Oft sind es körperliche Symptome, die einen darauf hinweisen, und dann setzt sich der schon oft beschriebene Fehlerkreis in Gang, der eine Abklärung nur auf der organischen Schiene beinhaltet und den „depressiven" Hintergrund übersieht.

Bei einer mittelschweren Depression ist es schon schwer, den allgemeinen Anforderungen des Alltags gewachsen zu sein. Gefühle von Insuffizienz, von Angst, von Wertlosigkeit, von Niedergeschlagenheit treten auf. Wieder können organische Beschwerden das Bild vordergründig prägen.

Bei der schweren Depression sind Gefühle tiefer Traurigkeit, Leere, Sinnlosigkeit, Wertlosigkeit und Antriebslosigkeit bestimmend. Die Seele ist verfinstert, alles scheint starr und leer. Meist sind quälende Schlafstörungen vorhanden. Oft tauchen Selbstmordgedanken als Ausweg und als „gerechte" Lösung auf.

Ein Mensch in einer tiefen Depression braucht unbedingt die Zuwendung von außen. Er benötigt die Hilfestellung, den Optimismus und die Klarheit im Vermitteln der Zusammenhänge und eines Behandlungsplanes. Das Gefühl zu haben, dass es einem furchtbar schlecht geht und man selbst keine Ahnung hat, wie es wieder besser werden soll und dass man von der Umgebung keine Klarheit und keine Zuversicht vermittelt bekommt, verstärkt das Empfinden von Ausweglosigkeit. Dabei sind auch diese Depressionen gut behandelbar.

Den seelisch-körperlichen Apparat können Sie sich wie eine Firma vorstellen. Er muss ausgeglichen bilanzieren. Anforderung, Belastung, Stress, Kränkung etc. müssen sich mit Entspannung, Genuss, Ruhe, Zuwendung und Liebe die Waage halten. Entsteht ein Ungleichgewicht, so kommt es, wie in der Stresstheorie (S. 145 ff.) beschrieben, zu einem Mangel an Serotonin und anderen Nervenstoffen. Gelingt es nicht, über Konfliktklärung, Entspannung, Urlaub besser für sich selbst zu sorgen, die Bilanz wieder zu korrigieren, kann, wie oben dargestellt, eine Vielzahl an Erkrankungen entstehen. Die medikamentöse Hilfe ist dann wie eine Finanzspritze als Hilfe von außen zu sehen. Bei den Serotonin-Wiederaufnahmehemmern, den derzeit gebräuchlichsten und nebenwirkungsärmsten antidepressiv wirksamen Medikamenten, entsteht durch Verhinderung des Rückpumpens des Serotonins in die Nervenzelle eine erhöhte Serotoninkonzentration an den Nervenkontaktstellen. Damit bleibt der Nervenstoff länger an der Kontaktstelle aktiv. Dadurch können sich die Zellen wieder erholen und nach einer gewissen Zeit wieder selbst ausreichend Botenstoffe wie Serotonin produzieren.

Es gibt Menschen, die auch in der späten Phase der Depression dazu neigen, die Verantwortung für ihr Tun ganz an die Umgebung abzutreten. Diese Haltung geht einher mit der fixen Grundeinstellung, dass man selbst ohnehin nichts wert sei, dass ohnehin alles keinen Sinn mehr habe, eventuell mischen sich Schuldgefühle und Selbstbestrafungstendenzen dazu.

Die Kunst des Therapeuten besteht darin, diese Menschen so weit zu bringen, dass sie wieder beginnen, an ihren Wert zu glauben, dass sie erneut ein kleines Pflänzchen an Eigenliebe verspüren. Die Akzeptanz, die Aufmerksamkeit, die Sympathie und die Begegnung, gepaart mit dem Aufkeimen positiver Erinnerungen aus dem eigenen Leben, setzen den Umdenkprozess in Gang, dass es doch einen Sinn und eine Berechtigung hat, sich selbst zu mögen und sich selbst liebevoll umsorgen zu lernen. Dies erfordert ein geduldiges Bemühen und ist nicht so leicht durch Angehörige zu bewerkstelligen. Oft ist Hilfe von einem Spezialisten angezeigt.

Die Negativspirale

An dieser Stelle möchte ich Sie mit dem Phänomen der Negativspirale vertraut machen. Negativspiralen treten unentwegt in unserem Leben auf. Sie kennen das Phänomen bestens. Plötzlich gelingen Dinge nicht mehr wie gewohnt. Man ist verunsichert, was die Erfolgsaussichten weiter schmälert. Man versucht mit verschiedenen Mitteln gegenzusteuern – ohne Erfolg. Das Selbstwertgefühl sinkt weiter. Immer mehr Fehler treten auf und man ist immer weniger in der Lage, diese wieder zu korrigieren. Man geniert sich für seinen Zustand und zieht sich immer mehr zurück. Die Menschen werden zur Bedrohung. Zurück bleibt das Gefühl von Hilf- und Hoffnungslosigkeit.

Ein typisches Beispiel:
Herr K. ist glücklich verheiratet und hat zwei Kinder. Er besitzt ein Geschäft in einem mittelgroßen Ort und ist voller Ideen, wie er das Geschäft ausbauen könnte. Die Familie verdient gut und beginnt ihre Träume zu realisieren, sie baut ein neues Haus mit einem wesentlich größeren Geschäft, einem

mittelgroßen Supermarkt. Die Geschäfte florieren weiter, man ist beliebt, die Kinder entwickeln sich zur Zufriedenheit aller. Um das alles finanzieren zu können, musste Herr K. einen relativ hohen Kredit aufnehmen, den es zurückzuzahlen gilt. Schleichend merkt er, wie ihm alles zunehmend auf die Nerven geht. Er wird mürrisch, ungeduldig, Kleinigkeiten nerven ihn, seine Kinder ärgern ihn, er ärgert sich über sich selbst, da er sich wundert, warum ihn jetzt so viele Kleinigkeiten schon nervös machen können, wo er doch immer die Ruhe, die Ausgeglichenheit und das Positive in Person war. Er schläft schlecht, kann sich schlecht konzentrieren, fühlt sich in seiner Haut nicht wohl und führt alles auf sein „verpfuschtes Leben" zurück: „Das kann doch nicht alles gewesen sein." Er möchte anders leben, freier, nicht wie der Ochs im Lebenskarren eingespannt sein. Er bricht aus, geht am Abend immer öfter aus, findet eine Freundin, eine Vertraute.
Seine Frau erfährt von der Geliebten und stellt ihn vor die Wahl: Scheidung oder Trennung von der anderen Frau und Rückkehr in die Familie und Neubeginn. Herr K. ist völlig unfähig, sich zu entscheiden, er wird immer verzweifelter, nervöser, ängstlicher. Er kann noch schlechter schlafen, zieht sich zurück, sieht keinen Ausweg und keine Lösung. Schließlich sucht er ärztliche Hilfe auf. Mit einem Serotonin-Wiederaufnahmehemmer und einem Antidepressivum abends zum Schlafen geht es ihm rasch wieder besser. Er sieht die Welt wieder klarer und bunter, ist wieder entschlussfähiger, die Herausforderungen machen ihm wieder Spaß. Es ist ihm plötzlich vollkommen klar, dass er bei seiner Familie bleiben will, hat wieder neue Ideen, was das Berufliche betrifft, freut sich wieder über seine Kinder.

So wie Herrn K. ergeht es sehr, sehr vielen Menschen. Aus dem Gefühl der großartigen Belastungsfähigkeit, des Einfallsreichtums, des persönlichen Glücks kommt es zu einem Serotoninmangel-Syndrom. Dieses Gefühl der Unzufriedenheit, der Unruhe, der Nervosität, des Haderns mit der Welt und dem Schicksal führt zu einer Fülle von giftigen Selbstheilungsvarianten. Man sucht sich eine Freundin oder einen Freund, beginnt zu rauchen und versucht über die Wirkung des Nikotins, wieder zur alten Leistungsfähigkeit zu kommen. Man fängt an, Alkohol zu trinken, um über dessen Wirkung zu einer neuen Einschätzung der Wirklichkeit zu gelangen. Man beginnt zu spielen, um sich über diesen Nervenkitzel den entsprechenden „Kick" zu holen, man greift zu Drogen, damit sich bessere Lebensgefühle einstellen – und unzählige negative Möglichkeiten mehr.

Das Wichtigste ist, zu erkennen, dass das seelische System eng mit den Nervenbotenstoffen zusammenhängt und dass diese erschöpfbar sind. Es ist eine alte Weisheit, dass vorwiegend derjenige ausgebrannt sein kann, der vorher brennen kann. Es sind also oft die kreativsten, einfallsreichsten und engagiertesten Menschen, die in diesen Zustand geraten.

Die Positivspirale

Menschen, die lange unter einem Serotoninmangel-Syndrom gelitten haben, schildern als Folge der medikamentösen Behandlung und der Psychotherapie zunehmend positive Veränderungen. Sie können wieder durchschlafen, berichten, dass der Schlaf erholsam sei, dass sie wieder mehr Antrieb spüren, dass sie sich wieder besser konzentrieren können. Sie können einen Artikel in der Zeitung lesen, ohne fünf Mal wieder von vorne zu beginnen. Sie fühlen sich in ihrer Haut wieder wohler, die lästigen Schmerzen haben sich zurückgebildet. All dies bedeutet Erweiterung des Lebensraumes und ein besseres Gefühl zu sich selbst, Optimismus und die Kraft, die Dinge wieder selbst in die Hand nehmen zu können. Es resultiert daraus eine Zuversicht, ein Mehr an Selbstvertrauen, mehr Spaß an der Herausforderung und eine gesteigerte Leistungsbereitschaft. Auch die körperliche Tüchtigkeit, die Körperkraft und die Geschicklichkeit kehren wieder zurück.

Dazu ist es jedoch auch notwendig, zu beachten, dass Medikamente wie Antidepressiva nicht zu rasch abgesetzt werden dürfen. In jedem Fall ist eine enge Kooperation mit Ihrem Hausarzt oder mit einem Psychiater erforderlich. Körperliche Beschwerden dürfen auch nicht von vornherein als Symptome beispielsweise eines Serotoninmangel-Syndroms gewertet werden, sondern es muss unbedingt abgewogen werden, ob eine organische Abklärung erforderlich ist.

Schlafstörungen

Schlafstörungen sind ein weit verbreitetes Phänomen unserer Industriegesellschaft. Die allgemeine Reizüberflutung dürfte die größte Rolle in der Entwicklung von Schlafstörungen darstellen. Ein Spitalsaufenthalt stellt für den Betroffenen einen zusätzlichen Stressor dar, daher sind Schlafstörungen bei stationären Aufnahmen noch häufiger anzutreffen. In der Allgemeinbevölkerung leiden etwa 20 Prozent an Schlafstörungen.

Im Wesentlichen handelt es sich um ein Ungleichgewicht in der Aktivität der beiden Teile des autonomen, unwillkürlichen, vegetativen Nervensystems, des Sympathikus und des Parasympathikus, die Ihnen schon vorgestellt worden sind. Oft bildet sich ein Fehlerkreis, der darin besteht, dass die Betroffenen Angst vor der Schlaflosigkeit entwickeln. Diese Angst schaltet wiederum den Sympathikus ein und die Chance, einzuschlafen, wird noch geringer – ein richtiger Teufelskreis. Außerdem gesellt sich noch das nächtliche Grübeln dazu. Die Angst vor dem nächsten Tag, vor der Tagesmüdigkeit, Angst vor Erkrankungen oder die Angst vor einer schweren psychischen Störung können die Nacht zur Zeit der Qual werden lassen.

Wer unter Schlafstörungen leidet, sollte dies unbedingt mit einem Arzt besprechen. Eine Störung der Schilddrüsenfunktion, Depressionen, Angststörungen, Störungen im Bereich der Atemwege und andere Krankheiten können Schlafstörungen bewirken.

Sind alle Krankheitsursachen ausgeschlossen, möchte ich Ihnen empfehlen, die Schlafstörung als Ausdruck dafür zu nehmen, dass der Parasympathikus nicht ausreichend aktiviert werden und sich dadurch die entsprechende Entspannung nicht einstellen kann. Versuchen Sie das Einschlafszenario genau zu beobachten und zu gestalten. Um sich zu entspannen, ist eine Reihe von Maßnahmen erforderlich. Jeder braucht dazu Ruhe, das Gefühl der Geborgenheit, des Schutzes, der ausreichenden Wärme.

Dazu sind einige Überlegungen anzustellen:

Ist es im Zimmer ausreichend ruhig oder sind Sie durch Lärmquellen (Straßenlärm, Unruhe im Haus, Maschinen etc.) gestört? Sollte es einen Störfaktor geben, ist hier aktiv entgegenzusteuern. Versuchen Sie selbst die Lösung zu erarbeiten. Manche Menschen schlafen gerne mit Ohropax, um sich vor Lärm zu schützen, manche schlafen gerne mit Musik, die den Hintergrundlärm neutralisieren kann und ein Gefühl von Vertrautheit und Versöhnlichkeit entstehen lässt.

Wie ist die Lichtbeschaffenheit im Zimmer? Gibt es hier einen Störfaktor? Scheint die Straßenbeleuchtung, eine Reklameschrift, ein Blinklicht etc. direkt ins Zimmer? Versuchen Sie zu erkennen, wie weit es Sie stört, wie weit Sie das Zimmer abdunkeln können, wie weit Sie Dunkelheit oder ein eigenes kleines Licht brauchen, das Ihnen wiederum das Gefühl von Selbstbestimmung und Geborgenheit vermittelt.

Wenden Sie sich Ihrem Bett zu. Beachten Sie, ob das Bett lang oder breit genug ist, ob die Härte oder Weichheit stimmt, und modifizieren Sie das Bett nach Ihren Bedürfnissen. Die Beschaffenheit der Matratze ist nicht für alle Menschen gleich. Sie müssen selbst erproben, welche die richtige Form für Sie ist.

Wichtig ist, dass Sie das Bett gestalten. Es soll ein Ort der Geborgenheit, der Entspannung sein, sollte Nestcharakter entwickeln und sollte weit mehr sein als ein Funktionsmöbel. Gestalten Sie sich das Bett mit Polstern, Decken, einer Knuddelrolle, eventuell einem Thermophor und Ähnlichem. Beim Gedanken an das Bett sollten Sie ein angenehmes Gefühl haben, es sollte Sie für die Nacht aufnehmen und Ihnen einen angenehmen Schlaf bescheren können. Kinder haben zum Einschlafen gerne Teddybären oder andere Kuscheltiere, Schmusedecken etc. Auch Erwachsenen empfehle ich, dieses Phänomen zu nützen, wobei durchaus Symbole ausreichend sein können (siehe Kapitel „Kuschelübung").

Die Raumtemperatur: Es sollte nicht zu warm, aber auch nicht zu kalt im Zimmer sein. Beide Extreme würden einen unnötigen Stressor ergeben. Das subjektive Temperaturempfinden ist jedoch sehr unterschiedlich, so ist es wichtig, dass jeder seine eigene Schlaftemperatur findet. Entscheidend ist, dass Sie unter der Decke mit der Zeit eine wohlige Wärme empfinden können, ohne dass Sie zu schwitzen beginnen. Vor allen Dingen sollten die Füße nach einer gewissen Zeit des Bettliegens angenehm warm werden, weil damit der Parasympathikus aktiviert wird. Oft ist es hilfreich, Nachtsocken anzuziehen, um die Erwärmung der Füße zu unterstützen.

Die Luftfeuchtigkeit: In unseren Breiten ist die Luft im Schlafzimmer oft zu trocken. Zimmerpflanzen, Feuchttücher auf der Heizung und Luftbefeuchter können wertvolle Hilfe leisten.

Wann essen Sie zum letzten Mal, bevor Sie abends zu Bett gehen? Auch hier sind Extreme zu vermeiden. Mit gefülltem Magen ins Bett zu gehen, kann Ursache von Schlafstörungen sein, genauso ein Nüchternheitsgefühl. Eine Tasse beruhigender Tee mit Zucker oder Honig oder ein Glas warmer Honigmilch bringt die nötige Wärme und Energie in den Magen, damit dort Wärme entstehen kann, Beruhigung und Sättigung. Manchmal hilft auch ein Stück Schokolade oder ein Bonbon.

Die Kleidung zum Schlafen sollte aus Naturfaser bestehen, da andere Fasern bei manchen Menschen durch die elektrostatischen Reize eine Irritation im vegetativen Nervensystem hervorrufen.

Entscheidend ist, dass Sie das Bett als Ort der Geborgenheit, des Schutzes und der Wärme positiv besetzen können. Wenn Sie sich ins Bett legen, legen Sie sich am besten in Seitenlage mit leicht angezogenen Beinen. Decken Sie sich gut zu und beachten Sie, dass auch Ihre Füße unter der Decke und in die Geborgenheit mit einbezogen sind. Es ist ganz entscheidend, dass die Füße nach einer gewissen Zeit warm sein können.

Beachten Sie Ihre Grenzen, wie Sie mit Ihrer Seite auf dem Bett liegen, wie Sie sich getragen, gehalten und gut aufgehoben fühlen, wie Ihre Wange, Ihr Kopf auf dem Polster liegt, dort Gemütlichkeit und einen schutzgebenden Schoß findet. Die Decke, die groß genug sein muss, spendet Wärme, Geborgenheit und Schutz. Versuchen Sie aus diesen Kraftquellen, die Sie umgeben – dem Bett, dem Kopfpolster und der Decke –, Energie anzusaugen. Versuchen Sie diesen Energiefluss aktiv zu steuern. Sie sollen nicht Energie abgeben und in das Bett hineinverlieren, sondern Sie sollen Energie gewinnen und sich kompakt und wohl fühlen.

Wenn sich die Gedanken, die in Ihrem Kopf wandern, nicht abstellen lassen, versuchen Sie sich im Bereich des Bauches einen warmen Punkt vorzustellen und zu spüren. Er sollte in der Gegend des Sonnengeflechts sein, zwischen Brustbein und Nabel. Wenn der warme Punkt nicht von selbst spürbar wird, können Sie Ihre eigene Hand dorthin legen und so dem Wärmegefühl auf die Sprünge helfen. Auch ein angenehm temperierter Thermophor, der allerdings nicht zu heiß sein darf, könnte helfen. Konzentrieren Sie sich jetzt nur auf die Wärme, Sie werden sehen, dass die Konzentration auf die Wärme den Gedankenfluss verdrängt. Man kann nicht gleichzeitig denken oder grübeln und Wärme empfinden. Das Wärmeempfinden ist in einem zentraleren Bereich des Gehirns angesiedelt und unterbindet das Grübeln. Wenn

Sie bemerken, dass die Gedanken wiederkommen, lassen Sie sich nicht irritieren, sondern kehren Sie immer wieder auf den Wärmepunkt zurück, und zwar so lange, bis der Parasympathikus die Umschaltung ermöglicht und Sie einschlafen können (siehe „Kuschelübung“).

Medikamente: Als Einschlafhilfe sollte in erster Linie ein Medikament aus Pflanzen gewählt werden. Baldriandragees oder Tropfen aus Melisse, Kamille, Passionsblume etc. können hier hilfreich unterstützend wirken. Hier sollten Sie einiges aus der Apotheke ausprobieren. Sollten diese pflanzlichen Stoffe zu keinem Erfolg führen, ist es wesentlich empfehlenswerter, schlaffördernde Medikamente aus der Gruppe der Antidepressiva als Schlaftabletten einzunehmen. Schlaftabletten tragen dic Gefahr einer Gewöhnung und einer Abhängigkeit in sich und setzen auch nicht an der Stelle an, wo die Stoffwechselunstimmigkeit liegt. Für kurze Zeit, in Phasen einer besonderen Belastung und um den Fehlerkreis zu durchbrechen, ist jedoch auch gegen diese Medikamente nichts einzuwenden.

88 Tipps für die seelische Gesundheit

Wenn Sie dieses Buch gelesen haben, dann ist schon etwas Entscheidendes passiert. Sie glauben, dass die seelische Gesundheit – das Glück – gestaltbar, beeinflussbar, verbesserbar ist, und das ist auch der wesentliche Ansatz dieses Buches. Es geht darum, wie Sie Regisseur werden können, wie Sie lernen können, Ihr Leben zu gestalten, sich in Ihrer Haut wohler zu fühlen, Ihre Lebensqualität zu verbessern, Ihre Beziehungen positiver zu gestalten und vor allem Ihre Einstellung zu sich selbst, Ihren inneren Dialog in einen liebevolleren umzuwandeln.

Sie können selbst zu Anhängern von Antonovsky werden, den berühmten Sozialmediziner, der Begründer der Salutogenese ist. Diese Wissenschaft beschäftigt sich mit dem Entstehen und dem Erhalt von psychischer Gesundheit. Viel zu lange und viel zu viel waren wir vorwiegend mit der Analyse der Pathogenese beschäftigt, der Gründe für die Entstehung von Krankheiten.

Jetzt wollen wir uns den Möglichkeiten zuwenden, wie wir unseren Tag bewusst positiv gestalten können. Versuchen Sie den ganzen Tag über sich selbst Gutes zu tun und einige der folgenden Tipps anzuwenden. Wir haben alle viel Zeit im Tagesablauf, die wir nicht nützen oder mit Ungeduld und Ärger füllen, wenn wir auf etwas warten müssen, in der Schlange vor der Kasse im Supermarkt stehen, im Auto oder im Zug sitzen. Nützen Sie die Zeit! Die Wohlfühltipps sollen Sie einen ganzen Tag begleiten. So wie Zähneputzen für die Zähne wichtig ist, so ist die Seelenpflege für die Seele notwendig.

1. Wenn Sie in der Früh aufwachen, lassen Sie sich noch einige Minuten Zeit, bevor Sie aufstehen. Genießen Sie noch einmal die Wärme des Bettes, kuscheln Sie sich hinein und genießen Sie.
2. Der nächste Wohlfühlfixpunkt ist die Dusche. Die meisten Menschen duschen in der Früh, einerseits um munter zu werden, andererseits um gereinigt in den Tag zu starten. Nur wenige – so wie ich – nehmen in der Früh ein Bad. Betonen Sie den Genuss der Dusche. Fantasieren Sie sich in den Urlaub, unter einen Wasserfall im Dschungel, lassen Sie Ihrer Genussfähigkeit die Zügel schießen.
3. Begrüßen Sie sich beim Zähneputzen im Spiegel und lächeln Sie sich freundlich zu. Sie dürfen auch Grimassen schneiden, aber lernen Sie sich selbst im Spiegel wie einen guten Freund zu sehen.
4. Der nächste Fixpunkt ist das Frühstück. Verwöhnen Sie sich mit Kleinigkeiten, machen Sie sich Ihren Lieblingsespresso oder Ihr Lieblingsfrüchtemüsli. Nehmen Sie sich vor allen Dingen ein paar Minuten Zeit dazu. Wenn Sie bereits mit wehendem Mantel, während Sie aus dem Haus stürzen, schnell noch den Kaffee trinken, ist das nicht empfehlenswert. Stehen Sie lieber 5–10 Minuten früher auf, um genießen zu können.
5. Nützen Sie die Kraft der Natur, der Sonne, der Landschaft, des Waldes, der Wiesen und der Felder schon bei der Fahrt in die Arbeit.
6. Bereiten Sie sich für die Fahrt in die Arbeit vor. Nehmen Sie sich Ihre Lieblings-CD oder Ihr Lieblingsbuch mit und gestalten Sie sich damit Ihre eigene Welt. Wenn Sie sich von Staus auf der Straße, von missmutig blickenden Menschen in der U-Bahn anstecken und die Laune verderben lassen, haben Sie eine Chance zum aktiven, positiven Gestalten ausgelassen.
7. Nützen Sie die Zeit im Auto, um Hörbücher oder Fremdsprachen-CDs zu hören. Sie haben damit zwei Vorteile: Erstens

sind Sie abgelenkt von den Ärgernissen auf der Straße, der Stausituation, der zunehmenden LKW-Flut, und zweitens vermehren Sie Ihr Wissen.

8. Auf dem Weg zum Büro oder zur anderen Arbeitsstelle gönnen Sie sich noch etwas Gutes. Vielleicht einen kleinen Espresso in der Cappuccino-Bar am Eck mit einem Blick in die Zeitung, vielleicht auch nur den vertieften Genuss der Auslage des Reisebüros, das Ihnen verführerisch den nächsten Urlaub näherbringt. Atmen Sie tief durch und freuen Sie sich darüber, was Bilder in Ihnen Positives auslösen können. Man muss nicht unbedingt Ferien haben, um auf Urlaub zu sein.
9. An der Arbeitsstelle angelangt, strahlen Sie Ihre Mitmenschen an. Lächeln wirkt genauso ansteckend wie leider das missmutige Gesicht des anderen. Versuchen Sie durch Ihre Genussfähigkeit, Ihre Leichtigkeit und Ihre Lebensfreude ein positives Klima zu verbreiten. Sie werden sehen, es gibt eine reiche Ernte.
10. Schenken Sie Zeit. Zeit ist in unserer Zivilisationsgesellschaft zum wertvollsten Gut geworden. Wenn Sie einen Wunschzettel zum Geburtstag oder zu Weihnachten schreiben, nennen Sie als obersten Wunsch Zeit schenken. Zeit schenken heißt, dem anderen Aufmerksamkeit, Interesse und Zuwendung zu geben. Es ist aber auch notwendig, dass Sie sich selbst Zeit schenken.
11. Freuen Sie sich darüber, wie viel Sie leisten können, über Ihre Fähigkeiten, Probleme zu lösen und zu bewältigen, über Ihren persönlichen Einsatz, und vergleichen Sie nicht Ihre Leistung mit der der anderen. Es ist Ihr ganz persönlicher Triumph und Ihre ganz persönliche Freude und sollte aus dem Vergleich herausgehalten werden.
12. Grenzen Sie sich ab, ohne verletzend zu sein. Es ist durchaus möglich, „Nein“ zu sagen, wenn man gelernt hat, die eigene Position und die Gründe des Neins dem anderen verständlich zu machen.

13. Jeder Mensch führt meist unbewusst einen Dialog, ein Gespräch mit sich selbst. Am ehesten wird es spürbar, wenn man etwas Falsches gemacht hat und man selbst unzufrieden ist. Man hört sich selbst sagen: „Was hast du denn da schon wieder gemacht, bist du blöd“, man beschimpft sich und tadelt sich. Versuchen Sie bewusst sich selbst positive Botschaften zu vermitteln.
14. Wenn Sie vor etwas Angst haben, versuchen Sie es mit einer neuen Strategie, versuchen Sie das Angstmachende zu streicheln, es zu füttern, es zu versorgen. Sie werden sehen, die Angst machende Szene verliert rasch an Bedeutung.
15. Rechnen Sie nicht mit zu viel Wohlwollen durch die Mitmenschen. Diese Sehnsucht macht abhängig und verletzbar. Versuchen Sie sich selbst Anerkennung, Schutz, Geborgenheit, Wärme und Verständnis zu geben und ausreichend Beachtung und Anerkennung für sich selbst. Die Begegnung mit dem Nächsten wird dann auf Autonomie beruhen und wesentlich unkomplizierter werden.
16. Legen Sie sich in Ihrem Schreibtisch eine Wohlfühllade an. Sammeln Sie dort Bilder vom letzten schönen Urlaub, von Ihren liebsten Freunden, von Traumstränden, wo Sie schon immer hinfahren wollten, Cartoons, die Sie sicher zum Lachen bringen, und öffnen Sie diese Lade regelmäßig, wenn Sie merken, dass Ihnen der Saft und die Energie, die Lebensfreude und die Kreativität auszugehen drohen.
17. Es ist besser, zu analysieren als zu resignieren. Versuchen Sie zu verstehen, warum Dinge nicht so laufen oder sich entwickeln, wie Sie sich das vorstellen. Übernehmen Sie erneut die Regie und versuchen Sie andere Möglichkeiten.
18. Gönnen Sie sich immer wieder Pausen. Pausen machen heißt, für sich etwas zu tun. Es gibt viele Menschen, die im Laufe des Tages ganz auf sich vergessen. Sie gönnen sich nicht einmal den Gang aufs WC, weil sie sogar dieses Bedürfnis nicht wahrnehmen oder unterdrücken. Gönnen Sie sich Pausen,

um durchzuatmen, sich Ihrer selbst wieder bewusst zu werden, denken Sie an schöne Erlebnisse oder an Menschen, über die Sie sich freuen.

19. Gehen Sie im Kopf auf Kurzurlaub. Selbst die Fantasie vom Palmenstrand, vom Rauschen des Meeres, vom blauen Himmel und den romantischen Feldern bewirkt Entspannung und Lebensfreude. Verteidigen Sie diese Lebensfreude gegen die Stürme des Alltags.
20. Nehmen Sie jedes Problem als Herausforderung. Je schwieriger eine Fragestellung ist, umso spannender. Der erste Reflex soll nicht lauten: „Das ist mir zu schwer", sondern: „Wie löse ich das Problem und wer kann mir dabei helfen?" Nicht das Stöhnen und Ächzen sollen wir zulassen, sondern die positive Aggression: „Ran an die Sache!"
21. Vergessen Sie nicht: Erfolg ist eine Frage der Perspektive. Es kann auch ein Erfolg sein, sich selbst zu akzeptieren und zu lieben, ohne die Leistung in den Vordergrund schieben zu müssen.
22. Legen Sie sich eine Aggressionsschublade in Ihrem Schreibtisch an. Wenn Sie auf jemanden wütend sind, öffnen Sie diese Lade und lesen Sie dort die wüstesten Beschimpfungen, die Sie in der Lade gesammelt und versteckt haben. Sie werden sehen, dass das Öffnen der Lade Erleichterung bringt und Anlass zum Schmunzeln und zum Lachen ist.
23. Selbstbeurteilung vor Fremdbeurteilung. Bemühen Sie sich immer um eine eigene Einschätzung Ihrer Qualitäten, aber auch Ihrer Schwächen. Legen Sie eigene Maßstäbe an und fügen Sie die Fremdbeurteilung nur dazu. Sie haben ein Recht auf eigene Meinung, Sie haben ein Recht auf Selbstbestimmung, Sie haben ein Recht auf Selbstbeurteilung, Sie haben ein Recht auf eine eigene Psyche.
24. Tragen Sie Ihren Namen immer wieder in Ihren Terminkalender ein, damit Sie nicht auf sich vergessen. Leere Felder im Terminkalender werden meist sofort mit anderen Terminen gefüllt.

25. Einfühlungsvermögen ist dann ein Glücksbringer, wenn wir gelernt haben, uns der eigenen Person sicher zu fühlen. Ohne Einfühlungsvermögen gibt es keine Begegnung und keine Liebe.
26. Pflegen Sie immer wieder das Gefühl der leistungsunabhängigen Liebe. Werden Sie sich der großen Bedeutung dieses Phänomens bewusst.
27. Wenn Sie einmal nicht weiter wissen, fragen Sie Ihren inneren Berater.
28. Legen Sie, wenn Sie gekränkt sind, in Gedanken eine wärmende Decke über Ihre Schultern. Genießen Sie das Gefühl von Trost und Geborgenheit.
29. Räkeln Sie sich zwischendurch, strecken Sie sich, stehen Sie auf, spüren Sie den Boden unter den Füßen und machen Sie sich ganz groß. Strecken Sie Ihre Hände, so weit Sie können, Richtung Himmel. Genießen Sie Ihren Körper.
30. In der Traumatherapie kennen wir den Wohlfühlort. Überlegen Sie sich einen Ort, an dem Sie sich rundum wohl fühlen, an dem Ihnen das Herz aufgeht, Energie einströmt, an dem Sie glücklich sind. Das kann ein bekannter Ort sein, an einem See das Wasser, die Wiese, Himmel, Bäume, der Strand am Meer mit Palmen, Meeresrauschen und wärmender Sonne. Das kann ein Bergsee sein oder eine Blumenwiese, eine Landschaft. Die Natur hat große, kräftigende Eigenschaften, saugen Sie diese Eigenschaften auf. Immer, wenn Sie erschöpft sind, ziehen Sie sich zurück, machen Sie eine kleine Pause und versetzen Sie sich in diesen Wohlfühlort. Gehen Sie noch einen Schritt weiter, versuchen Sie der Wohlfühlort zu sein, der Kraft nachzuspüren, die Sie erfrischt, stärkt, munter macht, Energie verleiht.
31. Es ist wunderschön, sich um andere Menschen zu kümmern, wenn man gelernt hat, gut für sich selbst zu sorgen.
32. Bewegen Sie sich mit Freude. Bewegung ist mit dem Gefühl von Jugend verbunden, erinnern Sie sich an die Bewegungs-

abläufe aus Ihrer Jugendzeit und versuchen Sie diese nachzuempfinden und nachzumachen. Diese Beweglichkeit können Sie durchaus auch in der Arbeit trainieren.

33. Der Weg ist das Ziel. Der Weg ist das Ziel, kann man in verschiedener Weise deuten. Eine Deutung ist sicher: Leben Sie die Gegenwart, spüren Sie sich selbst, bleiben Sie zuerst bei sich und erkennen, was Sie selbst spüren und wollen, und beziehen Sie dann erst den Nächsten ein.
34. Der Weg ist das Ziel bedeutet auch, sich in der Gegenwart auf das Wesentliche zu konzentrieren, nicht auf viele Ziele, sondern eine Ordnung zu schaffen in der Wichtigkeit der Dinge der Gegenwart.
35. Versuchen Sie Probleme zu verstehen. Probleme oder auch eine Krankheit haben einen Sinn. Ihr Ärger, Ihre Wut und Ihre Trauer verstellen Ihnen den Weg, den Sinn zu erkennen. Viele Menschen, die eine schwere Krankheit durchmachen, betonen, dass sie dadurch erst zu den wahren Werten des Lebens zurückgefunden haben.
36. Bemühen Sie sich, dem Schönen einen Platz zu geben. In der Zeitung und im Fernsehen werden wir von negativen Nachrichten überschwemmt. Versuchen Sie es im Privaten anders, versuchen Sie die schönen Dinge festzuhalten, sie zu verstärken, eventuell mit Bildern, mit Musik und Blumen. Bemühen Sie sich, dem Schönen einen Platz zu geben und sich von dieser Schönheit immer wieder anstecken zu lassen.
37. Es ist ein Wesenszug von vielen Menschen, seine Mitmenschen in den Vordergrund zu rücken und sich selbst in die zweite Reihe zu stellen. Zuerst kommen die Kinder oder berufliche Angelegenheiten, der Partner, die Partnerin und irgendwann Sie selbst. Versuchen Sie dem Trend entgegenzusteuern, sich selbst immer wieder etwas Gutes zu tun, sich selbst zu belohnen, zu entspannen, Kurzurlaube zu träumen, sich selbst in Ihrer Haut zu genießen.

38. Versuchen Sie nicht nur auf Ihrem Schreibtisch oder in der Küche reinen Tisch zu machen, sondern bemühen Sie sich auch, täglich in Ihrer Seele zu einer Ordnung, zu einem Ausgleich und zu positiven Gefühlen zu kommen. Glauben Sie nicht, dass positive Gefühle unbedingt von selbst kommen müssen. Sie sind der Gärtner Ihres Seelengartens und in der Lage, die Sonne in Ihrem Herzen scheinen zu lassen.
39. Das Gefühl des Glücks muss man sich gönnen wollen. Es gibt immer Gründe, unglücklich zu sein, genauso gibt es aber Gründe, sich glücklich zu fühlen. „Es gibt nichts Gutes/ außer: man tut es." Es gibt keinen Glücklichen, außer: man tut etwas dafür.
40. Fühlen Sie sich positiv, denken allein genügt nicht.
41. Kultivieren Sie Ihr Lachen, spüren Sie nach, was in Ihnen ein Lachen bewirkt, was Ihnen Humor und Freude bereitet. Lachen ist gesund, Lachen öffnet Herzen, Lachen bewirkt Fröhlichkeit.
42. Spüren Sie Ihren inneren Selbstgesprächen nach und versuchen Sie diese positiv zu gestalten. Die Basis muss sein: Akzeptanz, Wahrnehmen, Unterstützung, mit sich selbst solidarisch sein. Ist diese Basis gesichert, werden Sie in schwierigen Lebenssituationen sich selbst Trost und Beruhigung spenden und damit wesentlich leichter Probleme lösen können.
43. Bemühen Sie sich auch um Zuwendung und Geduld mit dem kranken Organ. Ein schmerzhafter Ellbogen wird beispielsweise weniger rasch heil, wenn Sie ungeduldig, beschimpfend und aggressiv mit ihm umgehen. Versuchen Sie sich immer in das Organ, in diesem Fall den Ellbogen, hineinzuversetzen und zu überlegen, was es an Zuwendung, Streicheleinheiten, Geduld und positivem Zuspruch braucht, um gesund zu werden.
44. Lebendigkeit ist Begegnung: Um einander begegnen zu können, ist es notwendig, sich selbst zu spüren, sich selbst in der Unverwechselbarkeit des Seins zu erleben. Mit seinen Eigen-

schaften, Stärken und Schwächen, die man zum Teil ins Leben mitbekommen hat, zum Teil erworben hat. Freuen Sie sich über Ihre Einzigartigkeit und Unverwechselbarkeit und seien Sie sicher, dass genau das für den Nächsten auch interessant ist. Ein Grund zur Begegnung!

45. Am Anfang war die Idee: Die Idee ist Ausgangspunkt zum Planen, Ziele entwickeln, Träume haben, zum Entwickeln einer Lebensmelodie, zum Probehandeln im Kopf und zur schrittweisen Umsetzung in der Realität. Werden Sie sich immer wieder der Ideen bewusst.
46. Versuchen Sie die Lebensschablonen so weit zu verlassen, dass Ihnen Lebendigkeit, Unverwechselbarkeit, Spontaneität, Kreativität und Begegnung möglich sind. Das sind die Grundsätze, auf denen gegenseitiges Wahrnehmen, aber auch das Bereiten von Freude einem anderen gegenüber möglich ist.
47. Kein Mensch kann immer fröhlich sein. Akzeptieren Sie auch, wenn Sie einmal ärgerlich, wütend, niedergeschlagen oder traurig sind. Entscheidend ist nur, wie Sie mit sich selbst umgehen, ob Sie Verständnis für sich selbst und Interesse für die Hintergründe Ihres Befindens aufbringen können, oder ob Sie Trost, Zuspruch, Beruhigung aktivieren können. So wird das Leben bunt und erfüllt. Lebendige Menschen sind flexibel. Werden Sie sich der Wichtigkeit von Lebendigkeit, Spontaneität, Wendigkeit und Kreativität bewusst.
48. Unterschiedliche Lebenssituationen verlangen unterschiedliche Strategien und Problemlösungsvarianten. Achten Sie auf Ihre innere Stimme, die Ihnen den richtigen Weg zeigt.
49. Definieren Sie sich nicht über Ihren Hut.
50. Versuchen Sie immer lebendig zu sein. Sollte Langeweile in Ihnen aufkommen, werden Sie sich Ihrer Kreativität bewusst. In Ihrem Kopf und auf Ihrer inneren Bühne sind Sie niemals zur Langeweile verpflichtet. Machen Sie es sich schön.

51. Nehmen Sie das Leben als Herausforderung, als Abenteuer und als Entdeckungsreise. Finden Sie einen guten Mittelweg zwischen Problemen, die Sie noch nicht lösen können, und Dingen, die Ihnen Spaß machen und Ihnen ein Erfolgserlebnis vermitteln.
52. Schenken Sie sich manchmal Blumen, auch wenn Sie ein Mann sind.
53. Bringen Sie Ordnung in Ihr Leben. Die Ordnung soll hilfreich sein, vereinfachen, Überblick verschaffen. Machen Sie immer wieder einen Rundgang durch das Seelenhaus und schauen Sie, ob alles einigermaßen zur Zufriedenheit geordnet ist.
54. In der Psychotherapie gilt der Spruch: Hole den Patienten oder Klienten dort ab, wo er steht. Das gilt für Sie selbst auch. Werden Sie sich Ihrer Standpunkte bewusst, Ihrer Fähigkeiten, aber auch Ihrer Schwächen, und planen Sie den nächsten Schritt.
55. Es ist sinnvoll, ein Ziel vor Augen zu haben, aber meist ist es notwendig, den Weg dorthin zu unterteilen, wie bei einer Bergtour. Setzen Sie sich Zwischenziele und wissen Sie vor allen Dingen, wie der nächste Schritt geht.
56. Der Seelengärtner: Vergessen Sie nicht, dass im seelischen Bereich das Gärtnerprinzip vorherrscht. Seelische Dinge brauchen Zeit zum Wachsen, zum Gedeihen, zum Kräftig- und Saftigwerden und zum Blühen. Mit Ungeduld haben Sie noch keine Pflanze zum Blühen gebracht. LeShan betont, dass die Seele wie ein Garten ist. Auch Ihre Seele braucht Pflege und liebevolle Zuwendung.
57. Identifizieren Sie sich mit Menschen, die Mut bewiesen haben und die Sie deshalb bewundern. Diese positive Auseinandersetzung bewirkt schon eine positive Veränderung in Ihrem Nervenstoffwechsel, wie Untersuchungen ergeben haben.
58. Zuerst die Lust und dann der Sinn. Vergessen Sie nicht, dass wir viele Dinge im Leben machen, die auf den ersten Blick sinnlos aussehen. Wir schauen beim Fußball zu, zittern mit

unseren Sportlern um ihre guten Leistungen bei den Wettkämpfen oder beobachten, wie zwei Spieler stundenlang Tennisbälle hin- und herpfeffern. Der Lustfaktor kann gar nicht hoch genug eingeschätzt werden und soll als Ziel unser tägliches Handeln begleiten.

59. Die Hunde bellen und die Karawane zieht weiter. Nehmen Sie Konflikte ernst, aber auch von einer optimistischen Seite. Es kommen auch wieder bessere Zeiten.
60. Sprechen Sie sich aus. Machen Sie aus Ihrer Seele keine Gruft. Bemühen Sie sich, Ihre Gefühle zu spüren und diese Gefühle dem anderen, dem Vertrauten auch mitzuteilen. Geteiltes Leid ist halbes Leid. Mitgeteiltes Leid ist auch schon etwas weniger. Langsam, aber sicher werden Sie lebendig.
61. Transzendenz: Sich auf Transzendenz einzulassen, bedeutet Orientierung, Energiegewinn und das Empfinden von göttlichem Wissen.
62. Werden Sie sich Ihrer vielen Seiten bewusst. Im Empfinden Ihres inneren Liebhabers, Ihrer inneren Ureltern, Ihrer Berater, Tröster und Aufmunterer sind Sie nie allein. So vermeiden Sie das Gefühl von Einsamkeit.
63. Der Geschlechterunterschied. John Gray hat den Unterschied der Geschlechter auf den Punkt gebracht: Männer sind vom Mars, Frauen von der Venus. Versuchen Sie den Partner zu akzeptieren, wie er ist. Versuchen Sie sich wieder auf das zu besinnen, was Sie fasziniert und was Sie lieben. Beißen Sie sich nicht an den Unterschieden oder den Mängeln fest.
64. Fürsorglichkeit – Kümmern: Wenden Sie sich immer wieder den Menschen zu, die Hilfe brauchen. Es ist für Sie selbst bereichernd und erfüllend. Damit verlieren Sie nicht Armut, Krankheit, Alter und Hilfsbedürftigkeit aus den Augen und können aus der persönlichen Begegnung besser abschätzen, wie ungleich Geld und Glück verteilt sind, ohne dass man den betroffenen Menschen die Schuld zuweisen kann.

65. Freundschaften: Wie mit Ihrem Seelengarten ist es auch mit Freundschaften. Auch sie funktionieren nach dem Gärtnerprinzip. Schaffen Sie die Voraussetzungen, dass Freundschaften gedeihen können. Haben Sie vor allen Dingen Geduld. Zuwendung, Aufmerksamkeit, Verständnis, Einfühlungsvermögen sind eine gute Basis, auf der Freundschaften gedeihen können. Überfordern Sie sich nicht und achten Sie auch auf Ihre Grenzen.
66. Gastfreundschaft: Werden Sie sich des Zaubers von Gastfreundschaft bewusst. Sie treffen sich mit Freunden, lernen andere Menschen besser kennen, spenden Lebensfreude und bieten die Basis für Begegnung. Setzen Sie diese auch in den Mittelpunkt und nicht das Ziel, etwas noch Tolleres zu kochen als der andere.
67. Versuchen Sie zum anderen Brücken zu bauen. Eine ideale Brücke ist das Austauschen von Lieblingsdingen. Fragen Sie einfach, was die Lieblingsspeise, die Lieblingsmusik, die Lieblingsfarbe, der Lieblingsfilm ist, so kommen Sie in Austausch und lernen den anderen Menschen besser kennen.
68. Ähnlich wichtig ist, dass wir zu Menschen, die aus anderen Kulturkreisen zu uns kommen, einen Zugang finden. Auch hier ist es notwendig, Brücken zu bauen. Interessieren Sie sich für deren Kultur, für deren Lieblingsspeisen, für ihre Traditionen oder Familienrituale und Sie werden sehen, der andere Mensch ist interessant.
69. Definieren Sie sich nicht über Ihren Bart.
70. Genießen Sie jeden Augenblick Ihres Lebens. Das ist ein Rat, der Ihnen zuerst einmal absurd erscheinen wird. Versuchen Sie dennoch, ihn so gut es geht umzusetzen. Sie werden sehen, wie viel Gestaltungsmöglichkeiten Sie in Ihrem Leben haben. Negative Gefühle drängen sich von selbst auf, Ungeduld, Ärger, Stress. Versuchen Sie jedem Augenblick Ihres Lebens etwas Positives abzugewinnen. Wenn Sie im Stau stehen, freuen Sie sich darüber, dass Sie Ihre Lieblings-

CD spielen können oder dass Sie endlich Zeit für sich haben.

71. Leben Sie die schönen Gefühle des Lebens sofort. Wenn Sie den Moment verstreichen lassen, wird sich das Gefühl nicht mehr in der Schönheit einstellen und Sie könnten es bereuen.
72. Werden Sie sich wieder Ihrer Lebensträume bewusst. In diesen Träumen sind Sehnsüchte, Wünsche und Ziele vereint. Selbst wenn Sie diese Träume nicht verwirklichen können, verwerfen Sie diese nicht, sondern behalten Sie sie als Sehnsucht und als richtungsweisend. Überlegen Sie, welchen Teil davon Sie umsetzen können.
73. Ein Spruch lautet: Humor ist, wenn man trotzdem lacht. Humor, Lachen und Lächeln soll man sich nicht nehmen lassen. Das ist ein zu wichtiger Teil in unserem Leben. Wer diese Fähigkeit hegt und pflegt, hat automatisch die Sympathien auf seiner Seite. Menschen mit Humor, die lächeln können, haben etwas Strahlendes, Einladendes, Begegnendes.
74. Definieren Sie sich nicht über Ihr Halstuch.
75. Freuen Sie sich darüber, wenn Sie andere Menschen verwöhnen können. Sie sollten sich jedoch zuerst über sich selbst freuen, dass es Ihnen gelingt, diese Rolle des Verwöhnenden zu genießen. Nicht deshalb, weil der andere dann dankbar ist und weil man sich einen Vorteil dadurch erhofft, sondern weil man sich über die eigene Fähigkeit, über den eigenen Charakter … freut.
76. Definieren Sie sich nicht über Ihr Auto.
77. Geben und Nehmen

    Achten Sie darauf, dass diese beiden Faktoren in einem ausgeglichenen Maß vorhanden sind. In Partnerbeziehungen ist das besonders wichtig, aber auch zwischen Eltern und Kindern und in Systemen wie der Arbeitsstelle, mit Kollegen. Wenn ein Ungleichgewicht besteht, sprechen Sie dieses Ungleichgewicht als Ihre Meinung an. Der andere sieht das vielleicht ganz anders. Es ist nur wichtig, dass das Thema aufgegriffen wird und eine gemeinsame Betrachtung darüber erfolgt. Im günstigsten Fall natürlich eine Lösung des Problems.

78. Brauchen – Gebrauchen – Missbrauchen
Anhand der Abwandlung des Wortes „brauchen“ erkennen Sie schon die Gefahr, die darin liegt. Es ist schön, wenn man andere Menschen braucht, um glücklich zu sein. Abhängigkeiten in Beziehungen führen jedoch dazu, dass man andere gebraucht und schließlich das Gefühl des Missbrauchs beim anderen entsteht. Versuchen Sie Ihre Unabhängigkeit und Autonomie zu erreichen und zu erhalten.
79. Definieren Sie sich nicht über die Marke Ihrer Uhr.
80. Wenn Sie erschöpft sind, schützen Sie sich vor negativen Einflüssen. Selbst das Wahrnehmen der Weltnachrichten ist kein Muss, wenn sie zu belastend sind.
81. Tanzen ist ein Jungbrunnen. Tanzen vereinigt Musik und Bewegung, Begegnung und Erotik und Befreiung vom Alltag.
82. Geben Sie sich Zeit, um auf die innere Lebensmelodie zu hören. Wenn Sie die innere Lebensmelodie nicht mehr hören können, seien Sie nicht zu traurig, gehen Sie von Zeit zu Zeit in die Kindheit zurück und lassen Sie diese Lebensmelodie wieder hochsteigen.
83. Die Lebensmelodie hat oft mit Farbempfinden und Geschmack zu tun. Nehmen Sie zeitweise bewusst Farben wahr und genießen Sie die Botschaften Ihrer Geschmacksknospen.
84. Wenn Sie am Abend nach Hause kommen, bleiben Sie trotzdem aktiv im Sinne der Gestaltung der Szene. Begrüßen Sie Ihren Partner und die Kinder, tauschen Sie die Erlebnisse des Tages aus und machen Sie sich ein Bild davon, was notwendigerweise gleich erledigt werden muss. Vergessen Sie aber nicht auf sich. Stimmen Sie das eigene Wohlbefinden, das Entspannen in der Badewanne, das Zurückziehen hinter die Zeitung mit den Bedürfnissen der anderen ab. Wenn Ihre Bedürfnisse nicht unterstützt werden, entsteht automatisch eine

Konfliktsituation, ein schlechtes Gewissen, sodass der Genuss ein sehr eingeschränkter ist.

85. Versuchen Sie für sich ruhige Minuten zu finden. Füllen Sie nicht jede Minute des Tages mit Aktivität, auch nicht mit Fernsehen, Radio- oder Musikhören. Geben Sie Ihren Gedanken Zeit, um auszupendeln. Nicht nur Ihr Hund braucht Auslauf, auch Ihre Gedanken.
86. Machen Sie am Abend einen Rundgang durch Ihren Seelengarten. Genießen Sie diesen und prüfen Sie, wo es Verbesserungsmöglichkeiten und Handlungsbedarf gibt. Schreiben Sie sich diese durchaus auf, es könnte sonst sein, dass Sie sich am nächsten Tag im Trubel der Ereignisse daran nicht mehr erinnern können.
87. Gestalten Sie sich Ihr Bett am Abend zu einem Nest, zu einer Burg, zu einem Ort des Wohlbefindens. Kuscheln Sie sich hinein und fühlen Sie sich restlos wohl. Wenn Sie keinen Partner haben, drücken Sie einen Polster fest an sich. Der ist zwar kein Partnerersatz, aber lindert in jedem Fall das Gefühl des Alleinseins.
88. Denken Sie selbst weiter. Achten Sie darauf, was Ihnen im Laufe eines Tages gut tun könnte. Spüren Sie sich selbst nach und ergänzen Sie diese Liste im Sinne Ihres Selbstverwöhnens.

Hinweise auf Literatur und Links

Antonovski, Aron: Salutogenese zur Entmystifizierung der Gesundheit, Tübingen 1997

Bauer, Hans-Joachim: Das Gedächtnis des Körpers, München 2006

Braiker, Harriet: Giftige Beziehungen, Frankfurt am Main 2001

Carnegie, Dale: Sorge dich nicht, lebe!, Bern 2002

Egle, Ulrich/Tiber, Hardt/Jochen, Nickel/Ralf, Kapis/Bernd, Hoffmann/Sven, Olav: Früher Stress und Langzeitfolgen für die Gesundheit. Wissenschaftlicher Erkenntnisstand und Forschungsdesiderate, Long term effects of adverse childhood experiences – actual evidence and needs for research; Zeitschrift für psychosomatische Medizin und Psychotherapie 48 (2002), S. 411–434

Fazekas, Christian: Psychosomatische Intelligenz. Spüren und Denken – ein Doppelleben, Wien u. a. 2006

Felitti, V. I.: The relationship of adverse childhood experiences to adult health: Turning gold into lead; Zeitschrift für psychosomatische Medizin und Psychotherapie 48 (2002), S. 359–369

Freud, Anna: Das Ich und die Abwehrmechanismen, Berlin 1936

Gray, John: Men Are from Mars, Women Are from Venus, New York 1992

Haller, Reinhard: (Un)Glück der Sucht. Wie Sie Ihre Abhängigkeiten besiegen, Salzburg 2007

Handke, Peter: Wunschloses Unglück, Frankfurt am Main 1975

Harnischmacher, Robert/Myther, Josef: Das Stockholmsyndrom: Zur psychischen Reaktion von Geiseln und Geiselnehmern; Archiv für Kriminologie 180 (1987), S. 1–12

Hüther, G./Doering, S./Rüger, U./Rüther, E./Schüßler, G.: Psychische Belastungen und neuronale Plastizität. Ein erweitertes Modell des Streß-Reaktions-Prozesses als Grundlage für das Verständnis zentralnervöser Anpassungsprozesse; Zeitschrift für psychosomatische Medizin und Psychotherapie 42 (1996), S. 107–127

Jung, Carl Gustav: Archetypen, München 1990
LeShan, Lawrence: The Mechanic and The Gardener, New York 1982
Leutz, Grete A.: Psychodrama, Berlin u. a. 1980
Margraf, J./Siegrist, J./Neumer, S. (Hrsg.): Gesundheits- oder Krankheitstheorie? Saluto- versus pathogenetische Ansätze im Gesundheitswesen, Berlin 1998
Maslow, Abraham Harold (Hrsg.): New Knowledge in Human Values, New York 1959
Miller, Alice: Am Anfang war Erziehung, Frankfurt am Main 1980
Moreno, Jakob L./Moreno, Florence: The Spotaneity Theory of Child Development; Soziometry 7 (1944), pp. 89–128
Moreno, Jakob Levy: Die Grundlagen der Soziometrie. Wege zur Neuordnung der Gesellschaft, Opladen 1954
Moreno, Jakob Levy: Gruppenpsychotherapie und Psychodrama, Stuttgart 1959
Murphy, Joseph: Die Macht Ihres Unterbewußtseins, München 1973
Peseschkian, Nossrat/Battegay, Raymond: Die Treppe zum Glück, Frankfurt am Main 2006
Popper, Karl: Alles Leben ist Problemlösen, München 1994
Rüegg, Johann Caspar: Psychosomatik, Psychotherapie und Gehirn. Neuronale Plastizität als Grundlage einer biopsychosozialen Medizin, Stuttgart 2001
Sachse, Rainer: Der psychosomatische Patient in der Praxis, Stuttgart 1995; Kapitel Selbstregulation, S. 97–117
Schiff, Jacqui Lee/Beth, Day: Alle meine Kinder: Heilung der Schizophrenie durch Wiederholung der Kindheit, München 1970
Schiff, Jacqui Lee et al.: Cathexis Reader. Transactional Analysis. Treatment of Psychosis, New York u. a. 1975
Schmid, Wilhelm: Mit sich selbst befreundet sein, Frankfurt am Main 2004
Schmitt, Eric-Emanuel: Das Evangelium nach Pilatus, Frankfurt am Main 2007
Schmitz, Margot/Schmitz, Michael: Seelenfraß. Wie Sie den inneren Terror der Angst besiegen, Wien 2005
Schmitz, Margot/Schmitz, Michael: Seelennahrung. Sich aufmachen zum Glück, Wien 2006

Spitz, René: Vom Säugling zum Kleinkind: Naturgeschichte der Mutter-Kind-Beziehungen im ersten Lebensjahr, Stuttgart 1996
Stadler, Christian: Von sicheren Orten und inneren Helfern; Zeitschrift für Psychodrama und Soziometrie 2 (2002), S. 177–186
Stelzig M.: Rollenpathologie, in: Jutta Fürst/Klaus Ottomeyer/Hildegard Pruckner (Hrsg.): Psychodramatherapie, Wien 2004
Stelzig, Manfred: Was die Seele glücklich macht. Das Einmaleins der Psychosomatik, Salzburg, 8. Auflage 2017
Stelzig, Manfred: Warum wir vertrauen können. Das psychische Urprogramm des Menschen, Salzburg 2017
Torberg, Friedrich: Die Tante Jolesch oder Der Untergang des Abendlandes in Anekdoten, München 1975
Welch, Ravi: Cathexis Institut und Neubeelterung; Zeitschrift für Transaktions-Analyse 2 (2006)
Wittchen, Hans-Ulrich / Jacobi, F.: Size and burden of mental disorders in Europe: a critical review and appraisal of 27 studies; European Neuropsychopharmacology 15 (2005), No. 4, pp. 357–376
Yalom, Irvin D.: Die Schopenhauer-Kur, München 2005

Links

www.kuratorium-psychische-gesundheit.at
http://europa.eu.int/comm/health/ph_determinants/life_style/mental_health_en.htm

Ein Verzeichnis aller abgeschlossenen und laufenden derartigen Projekte findet sich unter:
http://europa.eu.int/comm/health/ph_projects/project_en.htm
http://europa.eu.int/comm/health/ph_projects/2000/promotion/promotion_project_2000_full_en.htm#8
http://europa.eu.int/comm/health/ph_determinants/life_style/mental/green_paper/consultation_en.htm
http://www.un.org/depts/german/grunddok/ar217a3.html

Der Autor

DR. MED. MANFRED STELZIG, geboren 1952 in Wien, war nach seiner Facharztausbildung für Psychiatrie und Neurologie und seiner Ausbildung als Psychotherapeut für Psychoanalyse und Psychodrama Lehrbeauftragter am Moreno-Institut in Überlingen. Von 1991 bis 2015 leitete er das Department für psychosomatische Medizin der Universitätsklinik für Psychiatrie und Psychotherapie in Salzburg. Seine Bücher *Was die Seele glücklich macht* und *Keine Angst vor dem Glück* sind Bestseller. 2017 ist sein neues Buch *Warum wir vertrauen können. Das psychische Urprogramm des Menschen* im Ecowin Verlag erschienen.